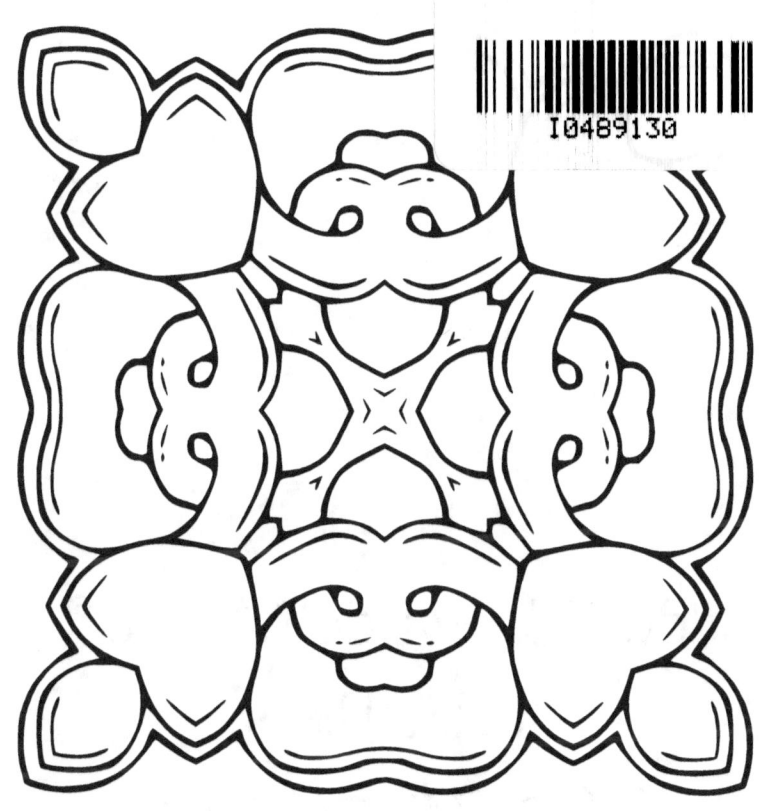

ᔑᓭᓭᓭᓭᓭᓭ

ᓭ ᓭᓭᓭᓭᓭᓭᓭᓭ ᓭᓭᓭᓭᓭᓭᓭ

ᓭᓭᓭᓭ ᓭᓭᓭᓭᓭ ᓭᓭᓭᓭᓭ ᓭᓭ

ᔑᓭᓭᓭᓭᓭᓭ

ᓭᓭᓭᓭᓭᓭᓭ ᓭᓭᓭᓭ ᓭᓭᓭᓭ ᓭᓭᓭᓭ
ᓭᓭᓭᓭᓭ ᓭᓭᓭᓭᓭᓭ ᓭᓭᓭᓭᓭᓭᓭ ᓭᓭᓭᓭ

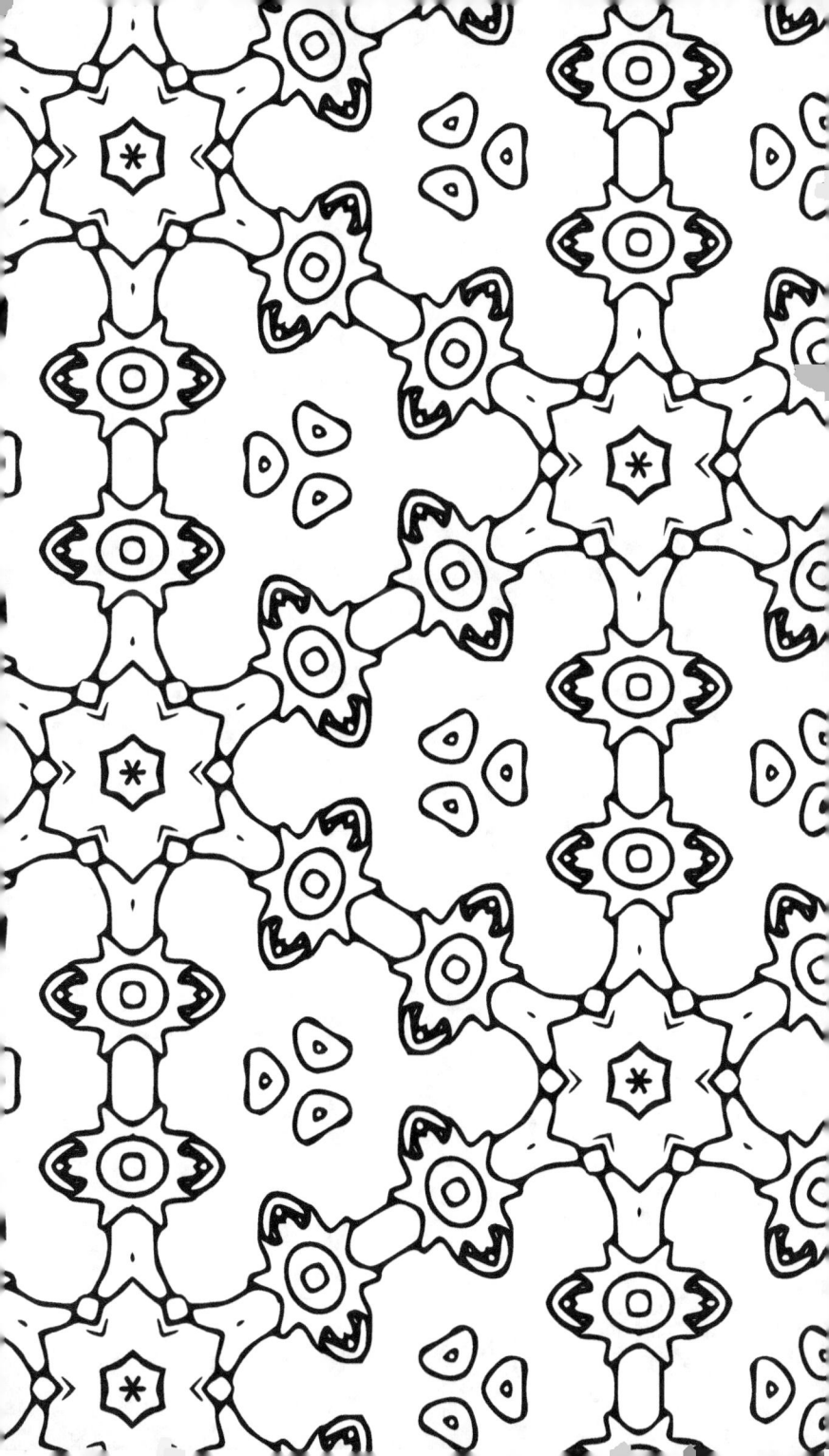

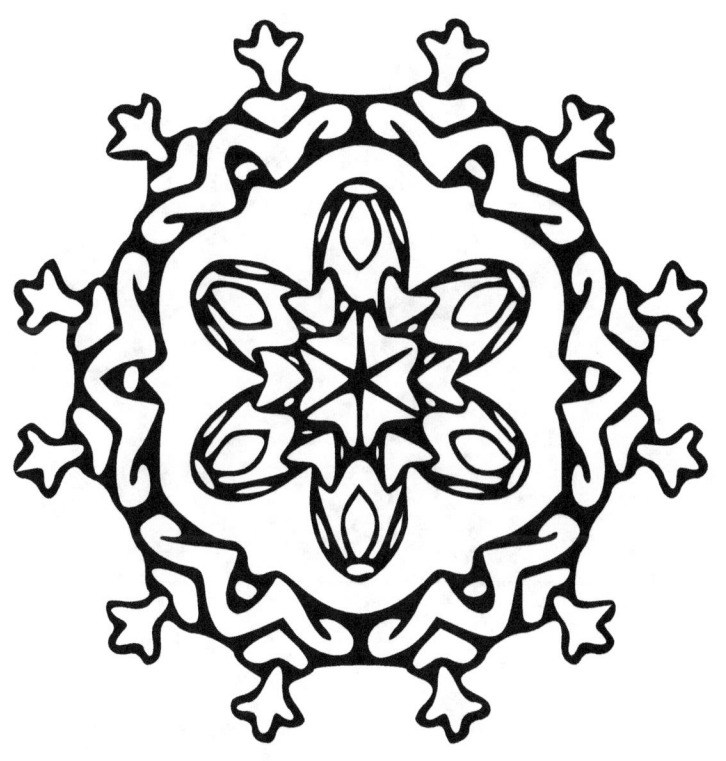

⊖Ɫₙ𝕹Ɇ̇Ɇₙ𝕽ₒ 𝟥ϲ́Ɠₙꞓ

⊖ᴕꞓ ⊖Ɫₙ𝕹Ɇ̇Ɇₙ𝕽ₒ 𝟥ϲ́Ɠₙꞓ ₙꝪ ⊖ᴕꞓ ₙꞓ𝓒ₗₙϴ𝕽𝕽𝝡⊖ₙ𝕽ꞓ
𝝣ꞓꝪꝪϹᴇ́ ᴃꝪ ⊖Ɫₙ𝕹Ɇ̇Ɇ𝕽Ꝫ 𝟥ϲ́Ɠₙꞓ𝟙Ʋᴇ́𝕽Ꝫ, 𝟙Ʋ 𝕽𝝮𝕹Ꞁ𝕽𝕹-
⊖ᴃ𝕽Ꝫ Ɇ̇ₙᴃ𝕽𝕽Ʋ𝟡 Ꝫₙᴃʋᴇ́𝕽Ꝫ ᴃꝪ 𝝣ꞓᴇ́ϹᴇꝪ́ꞓₙꞓꞓꞓₙꞓꞓɆ̇ₙ. 𝕹Ꝫ 𝕷ₙₗₙ-
ᴄ̇Ɠₙꞓꞓꞓꞓᴄꞓ 𝟛ᴄꞓꝪᴄꞓꞓꞓꞓꞓꞓꞓₙꞓꞓ𝟙ₒₙᴄꞓꞓₙꞓꞓ 𝟙ₙꞓꞓ 𝟛𝕽ꞀꞀꞓ𝕹𝟛ꞓꞓꞓᴃ𝝮ꞓꞓꞓᴇ́ₗꞓꞓꞓ
ᴇ́ₙ𝕹ᴇ́ꞓꞓ. 𝕹⊖ꞓꞓ 𝟛𝟙Ʋ ᴇ́𝟥ₙꞓ𝟡 𝟙𝟛 𝟙 ᴇ́𝟥ꞓꞓ𝟛ᴇ́𝕽𝟛ꞓꞓᴃ𝕹𝝣ꞓꞓ.

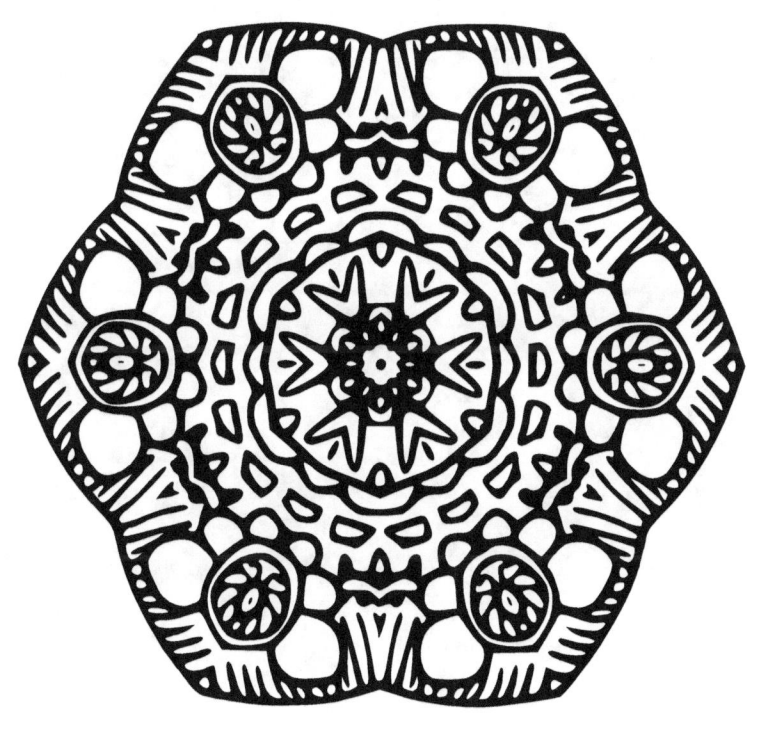

ყCCひCૄ๑ฌℛ૮ℛȝ ȝCCℛ૧

๑૮C ყCCひCૄ๑ฌℛ૮ℛȝ ȝCCℛ૧ ∫ȝ ๑૮C ฌ૮૮ฌ๑ℛℛ-
๑ℛℐC ℌ૮ȝȝC૮ Ɉℶฌ ๑૮C ყCCひCૄ๑ฌℛ૮C ๑ฌCC.
๑૮C ȝCCℛȝ ℶฌC ℶ ૦Ɉ๑ฌ๑ひ ɈૄɈ૧ ૦ひ ℌ૮Cૄૄ૮ℶฌɈ૧
ℛℶひひૄฌ ๑ℶ૦૮C૩. ๑૮ℶ ℶฌC ૄℶฌℌ૮Cȝ๑ฌCℛ૧ ℵひ ๑૮C
ȝC∫ȝ૦ひ ૦ȝ Ɉℓℛℶ૦ฌℛȝ ∫ȝ๑ℶℶ ๑૮C ℌ૮๑ૄℶひC Ɉૄૄȝ
ૄ∫ℛℌC Cひฌฌℶ૦૮C૧ ๑૮C ȝ૦ฌɈ.

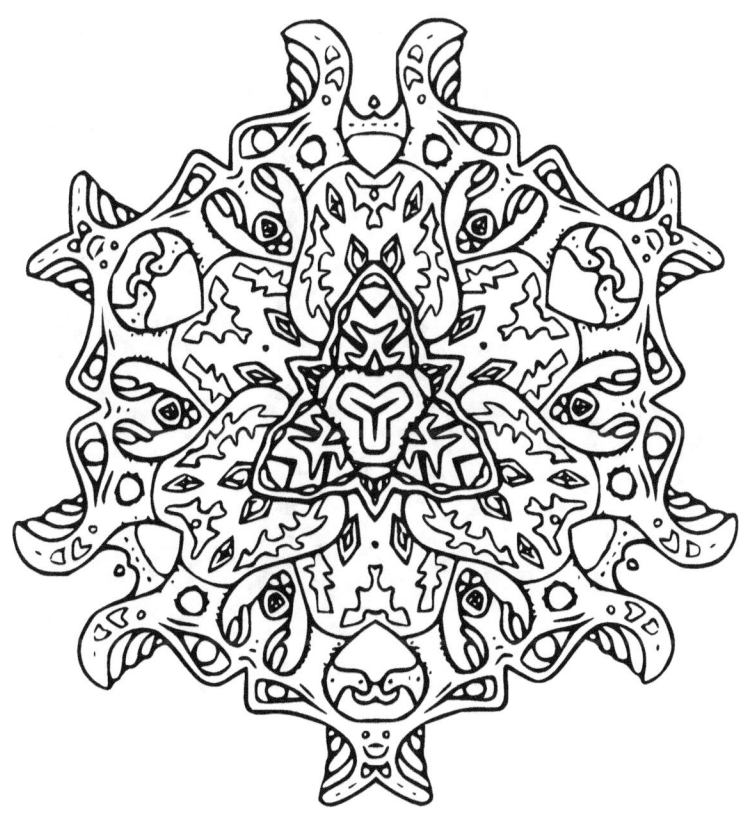

⊃ℾℿꙊℰꙊꝶℨ ℾ⊃⊃ℾℿℭⴱꙊℰꙊ

ℾ ⊃ℾℿꙊℰꙊꝶℨ ℾ⊃⊃ℾℿℭⴱꙊℰꙊ ꝶꙎ ℾ ꙌⴱꙎꙊℰⴱꙊⴰ ⊃ꙊꙊⱵ-
ℰꙎℭⴱℭℿℾⴱꙊℰꙊ ⴱꙉ ⊃ℾℿꙊℰꙊꙊ. ꙎꙎꙎꙊꙉ ℿℿℭ ℾꝶⴱⴱꙊꙊ-
ꙋⴱꙎꙎꙎ ꙌℭⴱꙎ-ⴱℿꙎℨℾꙊꙎ ꙌℭꙌℿꙊꙎꙉ ⴱꝶꝶℭ ⴱꙉ ⊃ℾℿꙊꙎꙎℭ ℾꙌꙎ
ꙌℭℿꙎꙎℰℰꙎꙎⴱ ℰℾⴱⴱꙊ⊃ℭℨ. ⊃ℾℿꙊℰꙊꝶℨ ℾ⊃⊃ℾℿℭⴱꙊℰꙊ
ⴱℰꙎꙎℭ ℾⴱ ꙎℭℿꙎ ℰꙎꙉℰ ꙌℭℭℭꙎꙎꙎ ℾꙌꙎ ⴱꙎꙎꙊꙎℰℰꙎ
ℿℿℭ ꙎꙊꙎꙎ꙽꙽ℭℿℭꙊⴱ ⴱꙉ ⴱꙎℭ ℰℭℾℰⴱⴱ ⴱꙉ ⴱℿꙎℰℾꙊ-
Ꙋⴰ ꙌℭꙎꙎꙊꙉ Ꙍꙉ Ꙏⴱ Ꙏꙉ ℾꙎ꙽ꙎꙌℭꙎ ꝶℭℰℭℭⴱℿℾ꙽ℭℰℭℿꙎꙉ
ℾꙉⴱꙎꙎ ⴱℰℭꙎ.

ꮞꮎꮂꮧꭶꭰꮧ ꮞꮞꭼꮞꮎꮧ

ꭼꭰꮎꮎꮧ ꮞꮎꮂꮧꭶꭰꮧ ꮞꮞꭼꮞꮎꮧꭹꮎ ꮳꮎꭰ ꭰꮂꮞꮯ ꭶꭰꭰꮃ ꮳꮃꮞꮒꭶꭰꭼ ꮶꭶꮃꮑꮎ, ꭰꮷꮯ ꭸꮎꮯ ꭼꮎꮎꭶꮂꮃꮮꭹ ꮮꭲꭸꮞꭼ ꮎꮞ ꭰꮷꮯ ꭶꭼꮞꭰ ꮷꭼꭼꭼꮮꭴ ꮳꮃꮞꮞꭶꭰꮧ ꮞꮃꮞꮞꭰꮞ. ꮞꮎꮂꮧꭶꭰꮧ ꮞꮞꭼꮞꮎꮧꭹꮎ ꭲꮃꮯ ꮞꮃꭰꭵꮯꮃꮮꭹ ꮎꮂ ꮃꭼꭵꮎꮞꮂ ꭶꮞ ꮮꮎꭵꮞ ꮞꮞꭼꮞꮒꭼꭼ ꭲꮂꮞ ꮞꭶꮯꭼꭰꮯꭹ ꭲꭼꮞꮂ ꭰꮞ ꭶꭰꮂꮯ ꮳꮃꮞꮞꭶꭰꮧ ꭼꮃꭴꮯꮃꮮꭶꮂꮯꭼ.

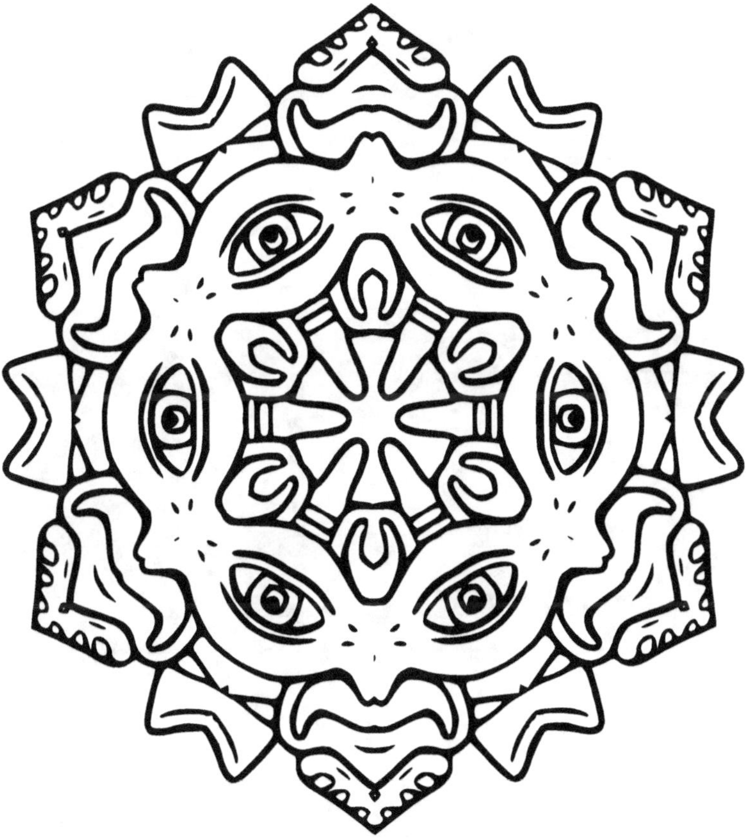

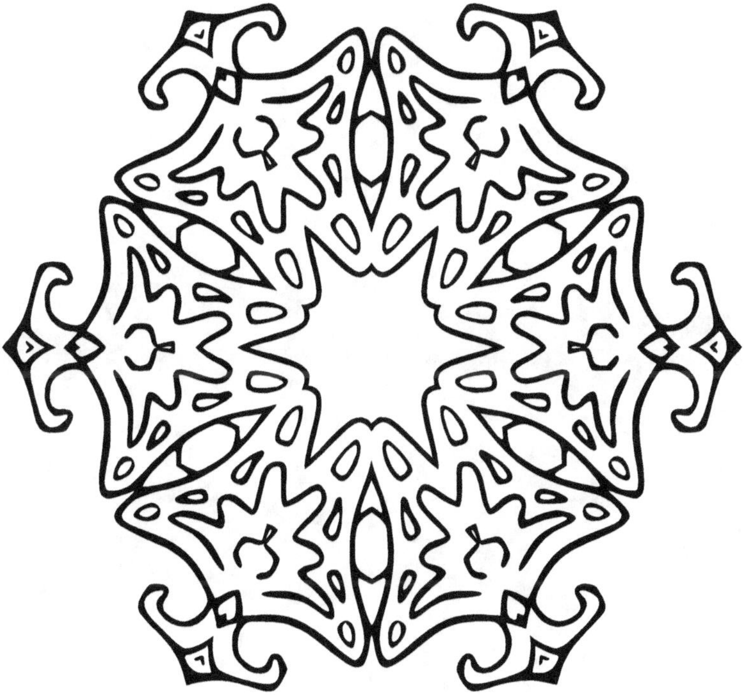

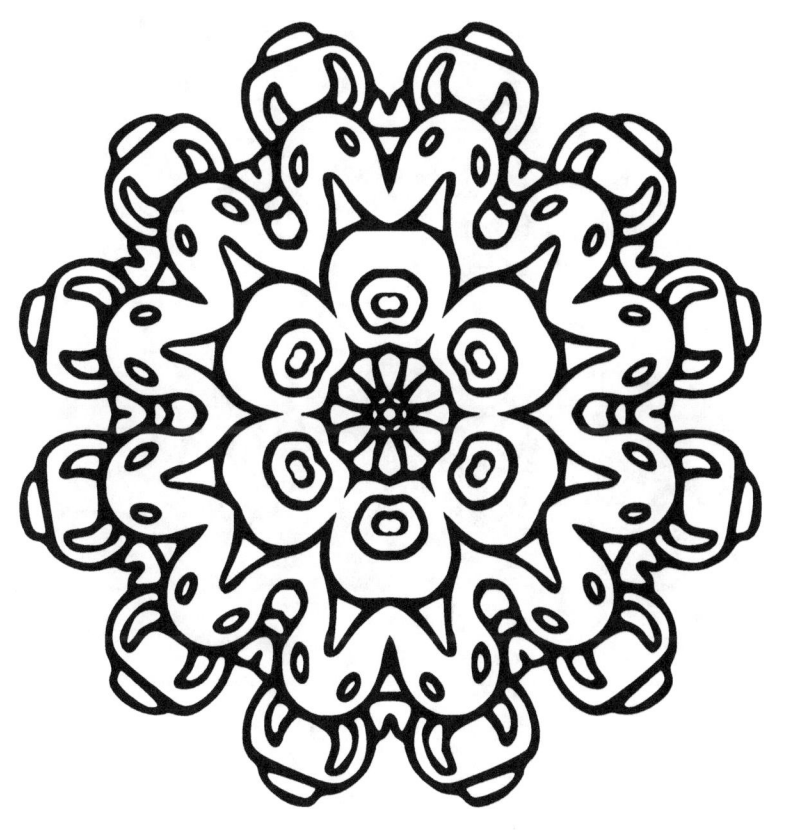

ᓂᒧᑐᕆᔪ ᕕᐴᑕᑕᐷ

ᒋ ᓂᒧᑐᕆᔪ ᕕᐴᑕᑕᐷ ᓕᔾ ᒋ ᐸᒥᕐᑀᕐᑐᕍᕆᕑᑕ ᕑᖖᕿᑫᕕ ᕈᔾᑕᕑ ᔕᒧ ᔔᐷᐸᐷᖕᓕᒧᔾ ᑫᕑ ᓂᒧᑐᕆᕕᕑᑕᐹᓕᒲ, ᑊᕕᑕ ᑫᕑ ᐁᐷᑕ ᑫᐷᕐ-ᑕᔪᕑ ᒧᑕᐷᐴᕓᑦᕈᕐᔾ ᑫᕕ ᔣᑕᐷᑕᐴᕑᒲᐷ ᓕᕕᕑ ᑐᑕᒧᕑᓕᕕᐷᕑ ᕑᕑᑕᑕᑕᑕᑕᑕᑕᑕᑕᑕᑕ.

ᏆᎾᏋᎾᏒᎾᏋ ᎶᏌᏋᎩᏗᏋᎶᏋᏟ

(ᏏᏋᏞ. ᎷᏞ)

ᏟᏁᎧᎾᏒᏌᎷᏟᎩ ᏁᏋ ᏆᏌᏟᎾᏒᏟᎷ ᎧᏞᏌᎩᎾᎾᏋᏋ ᏋᏆᏏᏁᎾ ᎶᏅ �ᏭᏁᎾᎾᏒᎾᏋ ᎶᏌᏋᏋᏗᏋᎶᏋᏟᎫ ᎾᏋᏁᎫ ᏟᏌᏟ ᎾᏋᏌᏟ ᎧᏟᎾᎾᏟᏌ ᏁᏌ ᎾᏋᏟ ᏆᏌᏟᎾᏞᎾᏒᎫᎫ ᎷᎷᏁᏌᎫ ᎾᏋᏞᎾ ᎾᏋᎾᏟᏟᎾᏁᎧᏟᎫ ᏟᎧᎧᎾᎷ ᏁᏌ ᎾᏋᏟ ᎾᏟᏟᎫᏟᏌ ᎶᏅ ᏟᏟᏒᎾᏁᎫ.

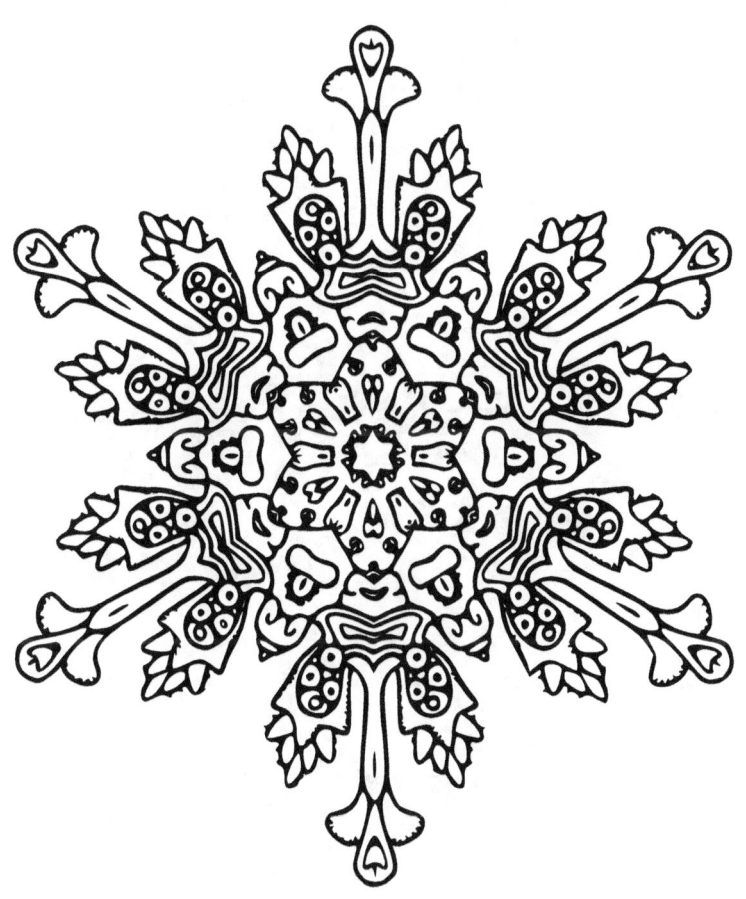

ꓩᴖᴎꝫꙮꓤꓳ꒦꙾ꙮᴎ꓌ꝫ

ᴄᴎꓳꙮꓤᴜᴄꓩ ᴎꝫ ꒷ ꓩᴖᴎꝫꙮꓤꓳ꒦꙾ꙮᴎ꓌ꝫ ꝡꝫ꒦꒦ꙮ. ᴎꝡ ꓮꓚꓮ꒦ᴄ-
ꝫꝪᴄᴖꝫꝪ, ꓩᴖᴎꝫꙮꓤꓳ꒦꙾ꙮᴎ꓌ꝫ ᴎꝫ ꓳ꒦ꙮꙮ꒦꙾ꝫꝪᴡ ꝫꙮꝫꝫ꙼ᴄꓩ ꒦ꝫ
꒷ ꝫꙮᴎꝫꓤꝪꝫ꙼ꝡꙮ. ᴎꝡ ꙮꝫꝡꙢ ꙮᴄꙮᴖᴎꝫꝪꝫꝪᴎꙮꝫꝡ ᴜᴄ꓌ꝫᴎᴄ꓌ꝫꝫ,
ᴡꙮꓤꝫ ꝫꝫᴎꝫꝫ ꝫ꒦ᴎꝡꙮ ᴄꝧᴄ-ᴜᴄꝫꝫꝪᴄꓩ ꓳꝫꙮꝡꓤꝫꝫꙮᴎꙮꝡ ꙮꝫꝡꙮᴄꝫ
ꝫ꒦ᴄᴖ ᴎꝡꝫꝪꝫᴎꝡꝫ ꓮꝫᴄꙮ꒦ᴖᴎꝡᴄꓩ ꓩᴖᴎꝫꙮꓤꓳ꒦꙾ꙮᴎ꓌ꝫ. ᴎꙮꝫꝫꝫ
ᴄꝫꝫᴄꝫꙮ ꙮᴡᴄᴎꓩ꒷ꝫꝫᴡ ꝫꝫꝫꙮ ꝫᴄꓮꙮᴄᴖᴎꝫ ꝫꝫᴡꝫ.

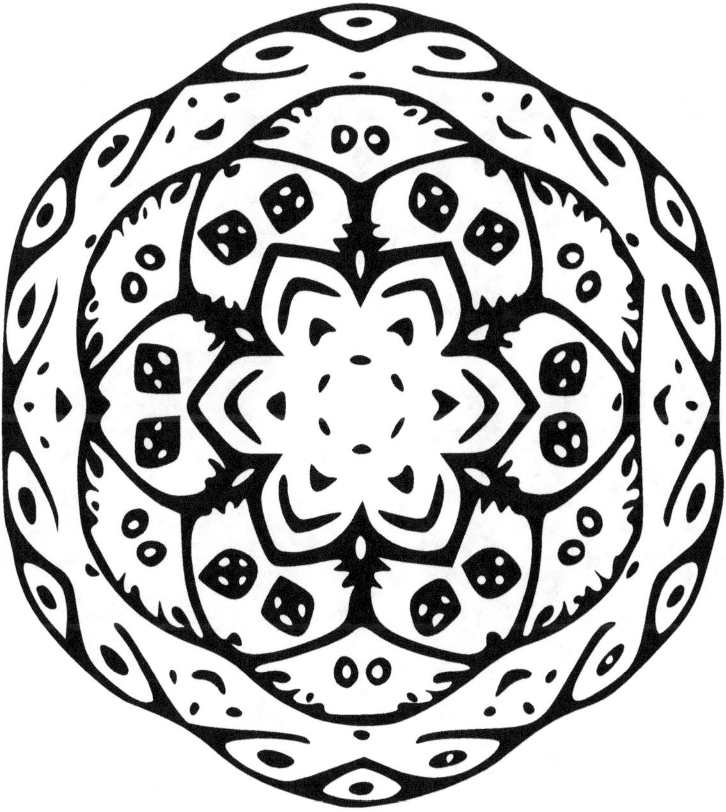

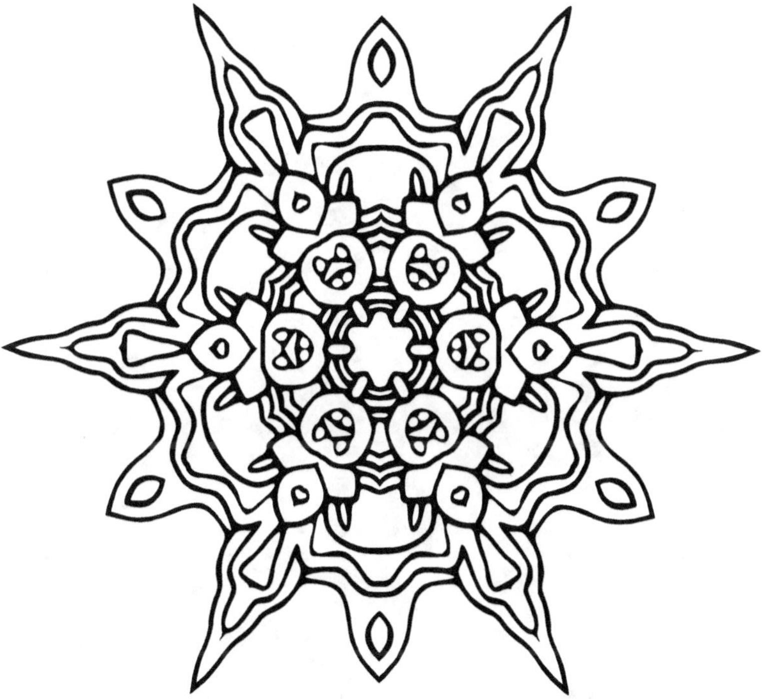

[illegible]

[illegible]

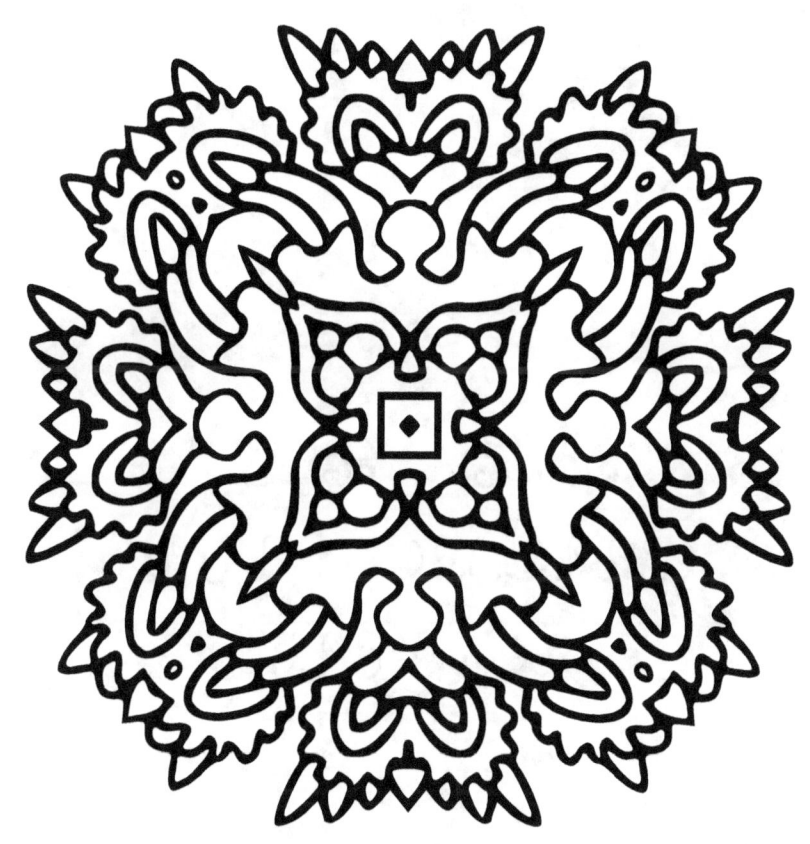

ᨡᨳᨦᨩ�349

ᨷ ᨡᨳᨦᨩ349 ᨳᨦᨧᨦ ᨥᨩ ᨦᨩᨧᨱ ᨦᨦ ᨧᨦᨧ ᨡᨳᨦᨥᨱᨧᨦᨩ ᨰᨥᨩ- ᨧᨩᨥᨦᨩ ᨧᨩ ᨥᨧᨧᨧᨦᨧᨱᨡᨧᨱ. ᨧᨦᨧᨦ ᨦᨩᨧ ᨦᨦᨦᨧᨦᨧ ᨧᨦᨧᨩ ᨧᨩ ᨥᨧᨩᨦᨧᨧᨥᨩ ᨦᨧᨧᨧᨦᨩ ᨦᨱᨧ ᨡᨧᨧᨩᨧᨦᨧᨥᨩ ᨷ ᨦᨧᨩᨳᨦᨩᨦ ᨦᨩᨦᨱᨧᨩ ᨧᨩ ᨧᨦᨧᨩᨱᨦ ᨦᨩᨧᨦᨩᨦᨦ.

ᏓᎳᏏᎾ ᎡᏉᏝ,
ᎡᏉᏊᏟᎫᎫᏟᎫ, ᎷᎤᏊ
ᏊᏟᏗᏁᎡᏉᎫ

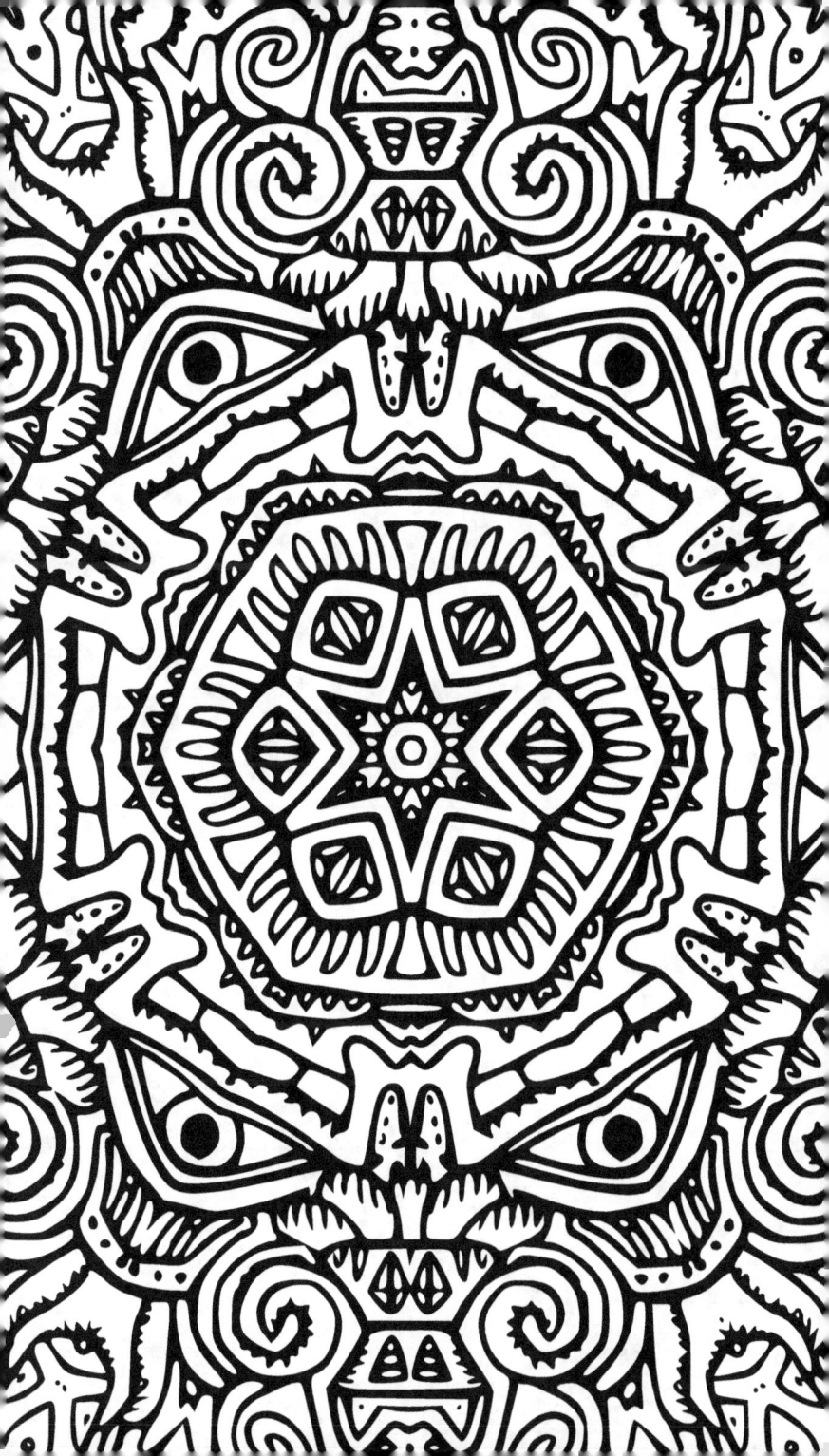

ᏏᏟᏍᎤᏒᏟᏟᎻ ᏕᏟᏗᏗᎡᎡᏝᎦᏒᏉᏞ

ᏍᎡᏟ �785ᏟᏟᏞᏗ ᏏᏟᏍᎤᏒᏟᏟᎻ ᏕᏗ ᏟᎻᏍᏍᎧᏟᎧᎦᏞᏃᏉ. ᏏᏟᏍᎤᏒᏟᏟᎻ
ᏕᏟᏗᏗᎡᎡᏝᎦᏒᏉᏞ ᏉᏔ ᏍᏟᏗᏒᏝᏗᏝᎧ ᏍᎧ ᏃᏟᏟᏟ ᏔᏟᏗᏟᏟ ᏝᏝᏟᎻᏝᏗ
ᎤᏞᏍᏍᎦᏔᏟᎦᏔᏔ 785ᏟᏟ.

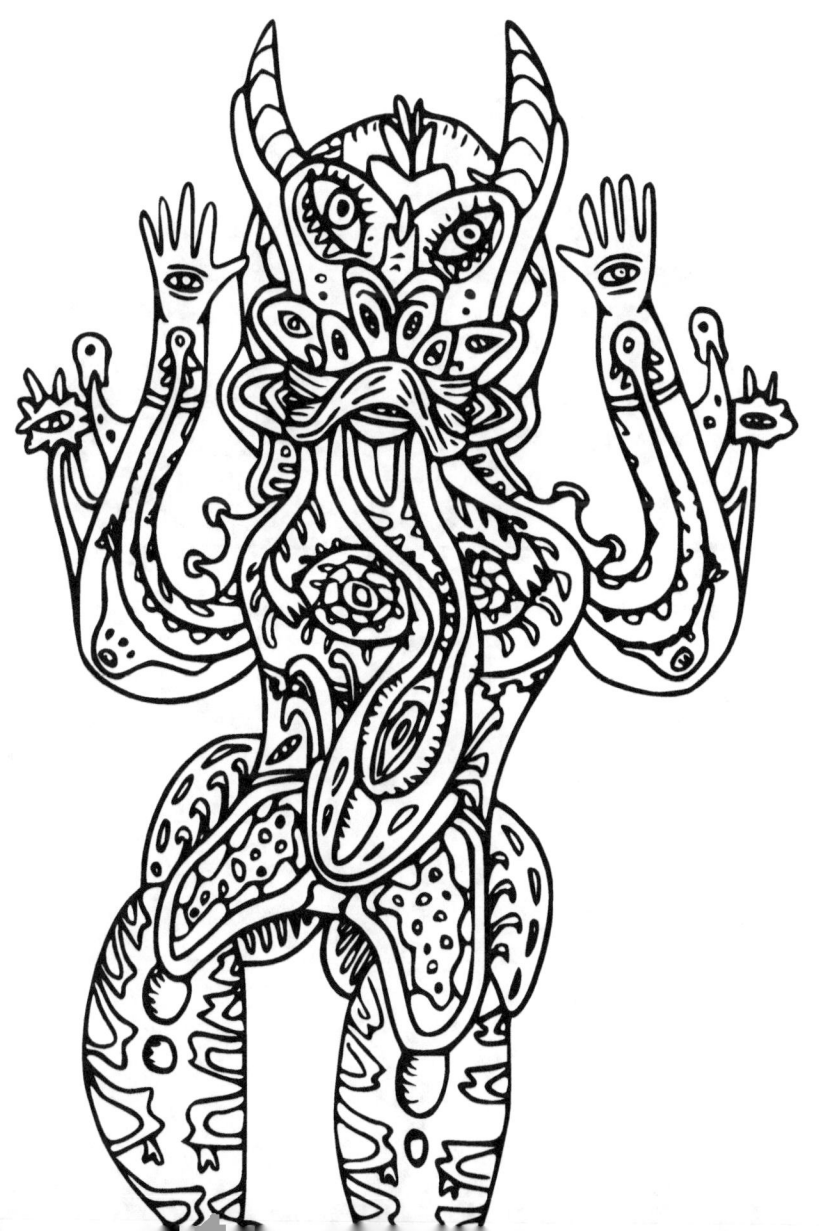

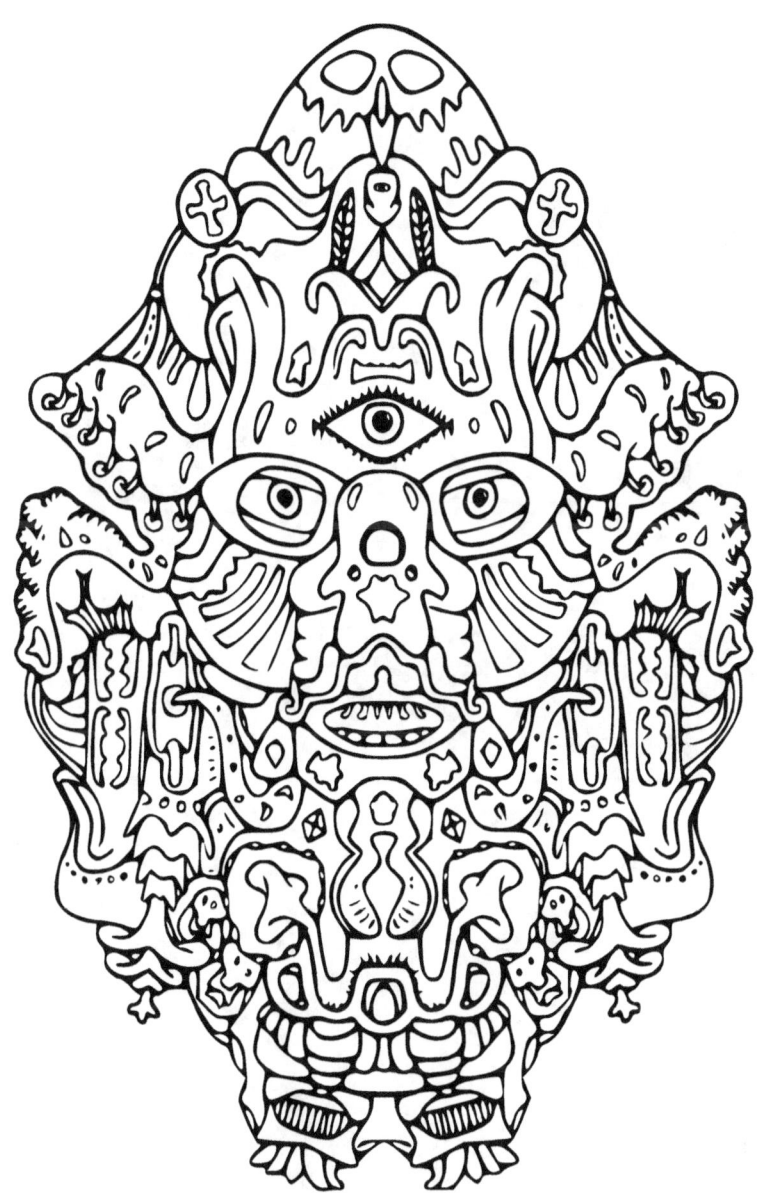

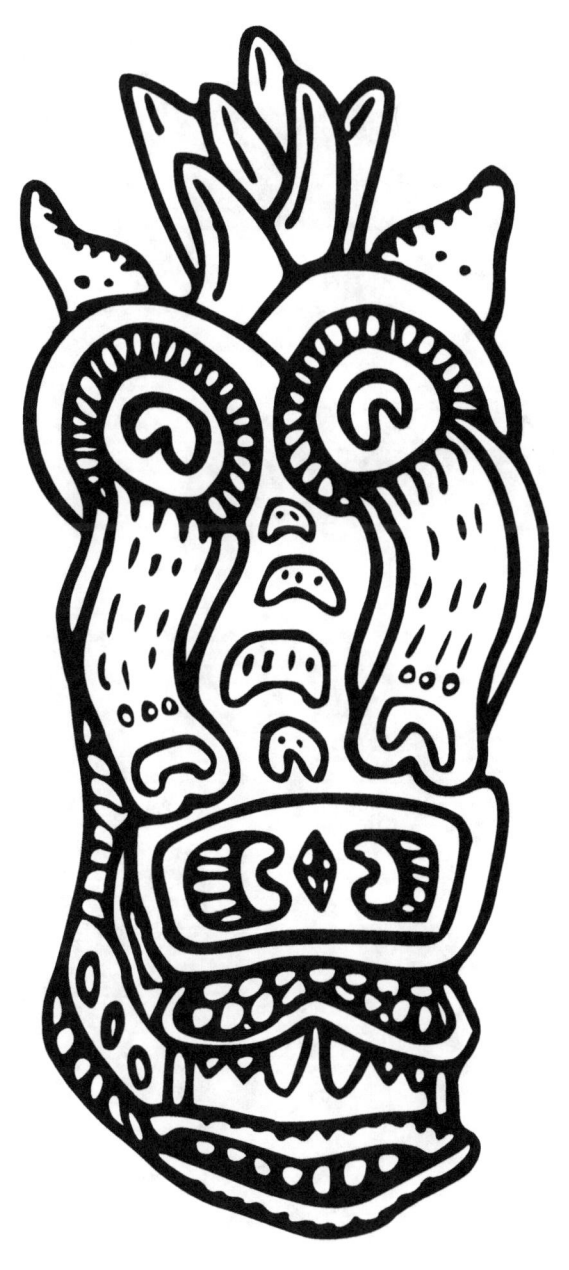

ᏖᏟᏔᎢᏒᎾ ᎾᏟᏖᏒᏒᎫ

ᏖᏟᏔᎢᏒᎾ ᎾᏟᏖᏒᏒᎫ ᏒᏒ ᎾᏖᏟ ᏔᏟᏖᎷᎾᏞᏏᏖᏓ ᏟᏔᏟᏟᎾᏟᏞᎧ᠆
ᎾᏟᏔ ᏟᏖ ᏏᏒᏏ ᏒᏟᏏᏟᏟᏒᎫ.

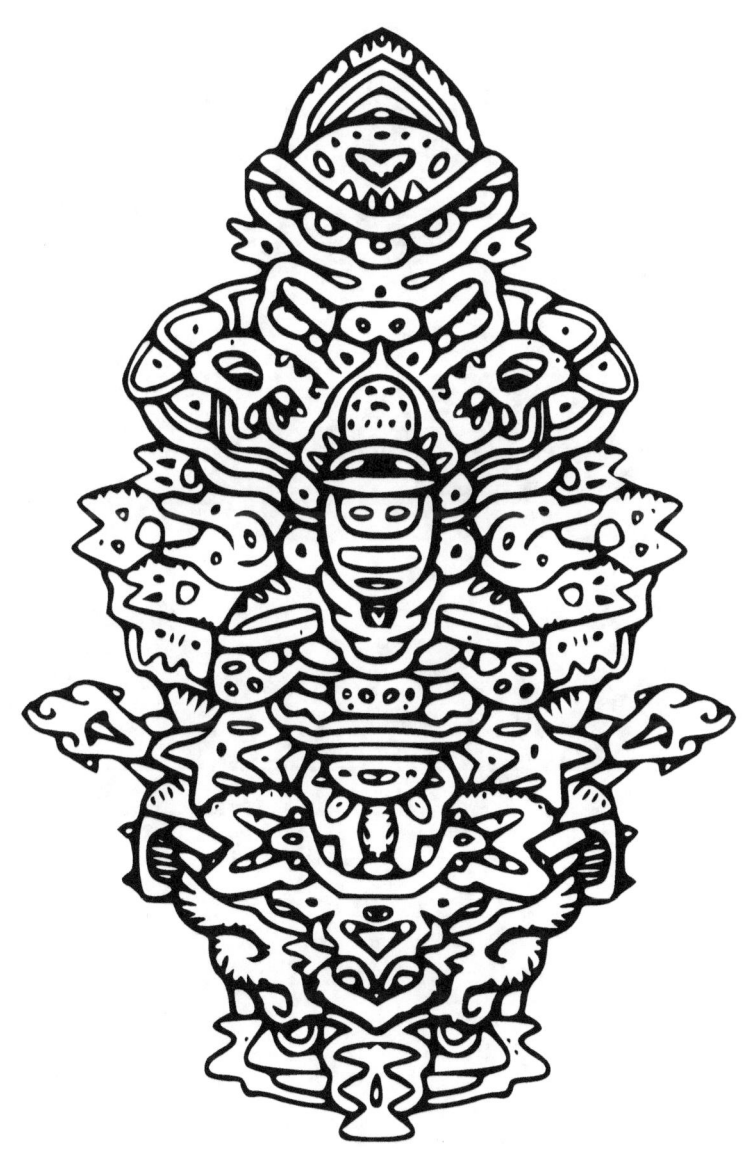

ᕼᎡᏨᏴᏗᏥᏨᏴᏁᏯᏋᏒᎡᏔᏁᎠ

ᕼᎡᏨᏴᏗᏥᏨᏴᏁᏯᏋᏒᎡᏔᏁᎠ ᏒᎦ ᏯᏘᏨ ᏖᏨᏗ ᏨᎦ ᏔᏒᎦᏘᏨᏔᎧ, ᏨᏖᏨ-ᏘᏨᏔᏴ, ᎧᏔᎧ ᏖᏔᏫᏒᎦ ᏒᏔᏴ ᕼᏨᏨᏨᏴᏨᏴᏔᏖᎧ. ᏖᏨ ᏒᎦ ᏯᏔᏖᏨ-ᏘᏖᏨᏨᏫ ᏖᏨᏴᏨᏘᎧᏨᎡ ᏖᏔᏖᏨᏒ ᎦᎧᏔᏖᏨ ᏯᏨᏨᏨᏨᎧᎦ ᏨᏔᏴᏨᏨ ᏨᎧᏔᎦ ᏨᏴᏨᏨ ᏔᏴᎦᎦᏔᎧᏨ ᕼᏨᏨᏨᏨ ᏖᏨᏨᎦᏔᏯᏨᏨᎦ.

⊃⎰⎱⊕⊋⏜⊖ ⊕⊰⊂ ⊃⊰⋏⊱⊖ ⊰⊋⊖

⊃⎰⎱⊕⊋⏜⊖ ⋏⊰ ⊕⊰⊂ ⎰⊕⊋⎰⊕⊰⊱⊂⊎⊖⊋⊰ ⊰⊖⊋⊋⊂⊰⊰ ⊕⊀ ⊰⊱⎰⊎,
⊰⋏⎰⎰⊎⋏⊕⊕⊂, ⎰⊎⊋ ⊀⊱⊒⋏⊋ ⋏⎰⊕⊕⊂⎰⊃⊖⊕⊰⊎⊖⊋ ⊃⎰⎱⊕⊋⏜⊖ ⋏⊰
⊋ ⊃⎰⊂⎰⋏⊃⋏⊕⊖⊋⊰ ⊎⋏⋏⊕⊕⊂.

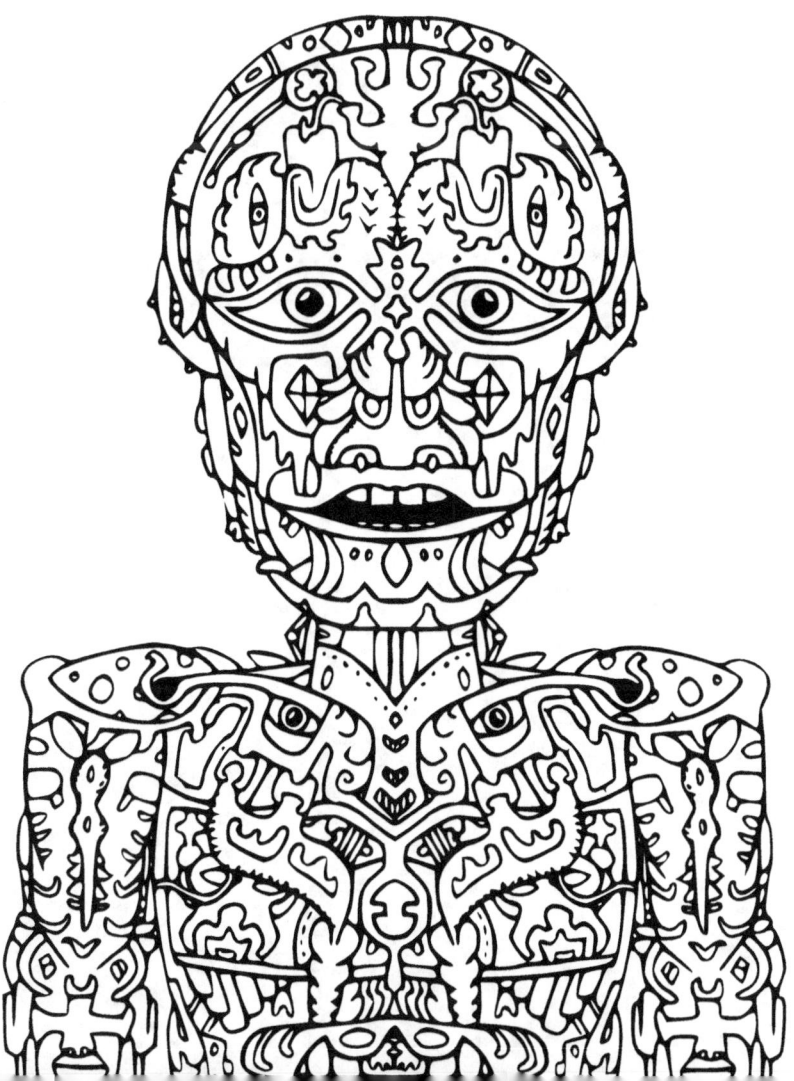

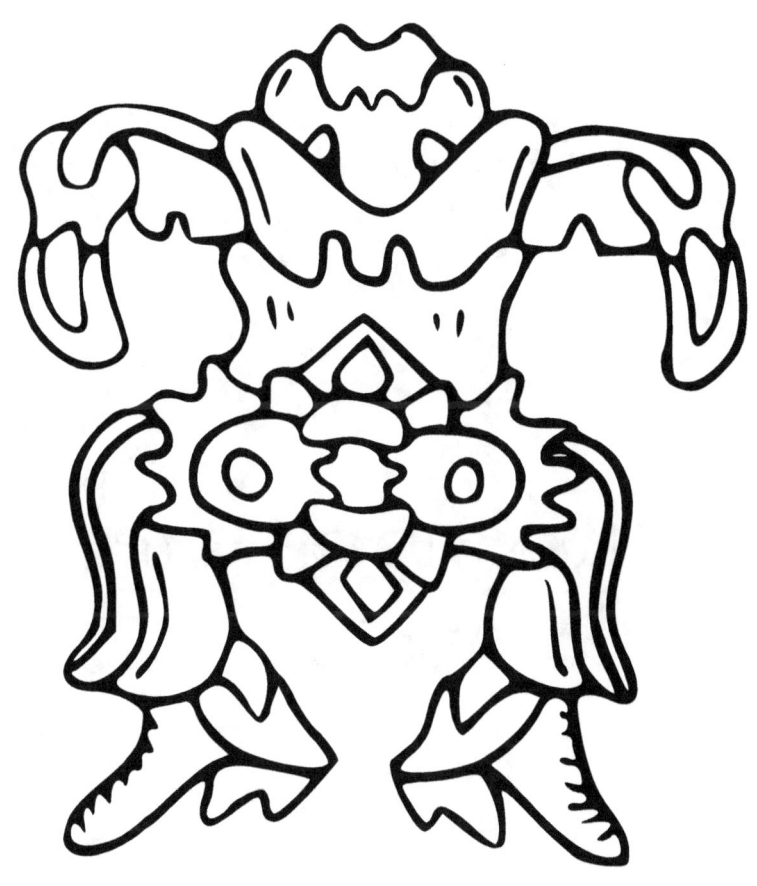

⊐ᴄ̇ᴄᴄᴄᴐᴙ3 ᴄ̇ᴌᴄᴐᴙᴜ⊐ᴄ̇

⊐ᴄ̇ᴄᴄᴄᴐᴙ3 ᴌ3 ᴏᴄᴄ ᴄᴄᴙ ᴄ̇ᴐ ᴏᴎᴎᴜ̇ᴄ ᴜᴍ ᴄᴌᴎᴏᴄᴄ
ᴏᴄ̇ᴎᴎᴜ̇ᴄ. ᴄ̇ᴄ ᴌ3 ᴄ̇ᴄᴜᴄ̇ᴌᴜᴄ̇ᴄᴌ ᴜ̇ᴜᴄ̇ᴜ ᴏᴄ ᴌᴄ
3ᴜᴄ̇ᴌᴄᴏ-ᴏᴄᴏᴜ̇ᴄᴄᴌᴄᴄ, ᴌᴎᴄ̇ᴄ̇ᴏᴄᴄ, ᴌᴙᴏ ᴌᴄ̇3ᴄ̇ ⊐ᴌᴄᴄᴏᴎᴎᴄ
ᴜᴍ ᴏᴄᴄᴏᴎᴎ3ᴌᴏᴄᴄ. ᴏᴜᴄ̇ᴎᴄ ᴇᴌᴜᴄ ᴌᴜᴏᴄᴌᴜᴎᴄᴏ ᴇᴎᴎᴏᴄ
⊐ᴄ̇ᴄᴄᴄᴐᴙ3 ᴏᴌᴄᴌᴎᴎᴜ̇ᴄᴌᴄᴌ ᴌᴄᴌᴎᴌᴄᴏ ᴎᴎᴏ.

ໃນດາງໄວດງ ໃຍໆ
ດ໕໕໕ງ

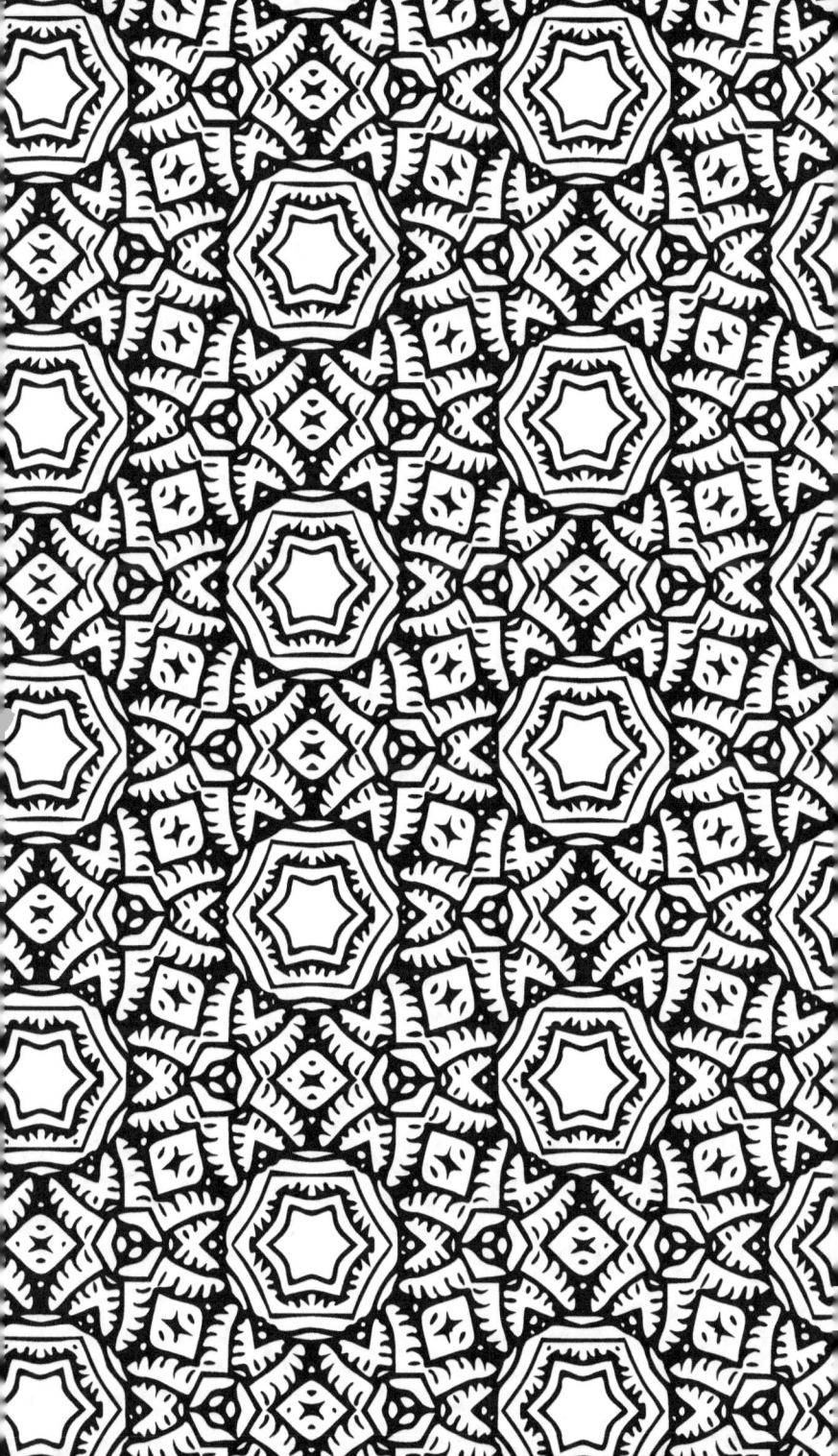

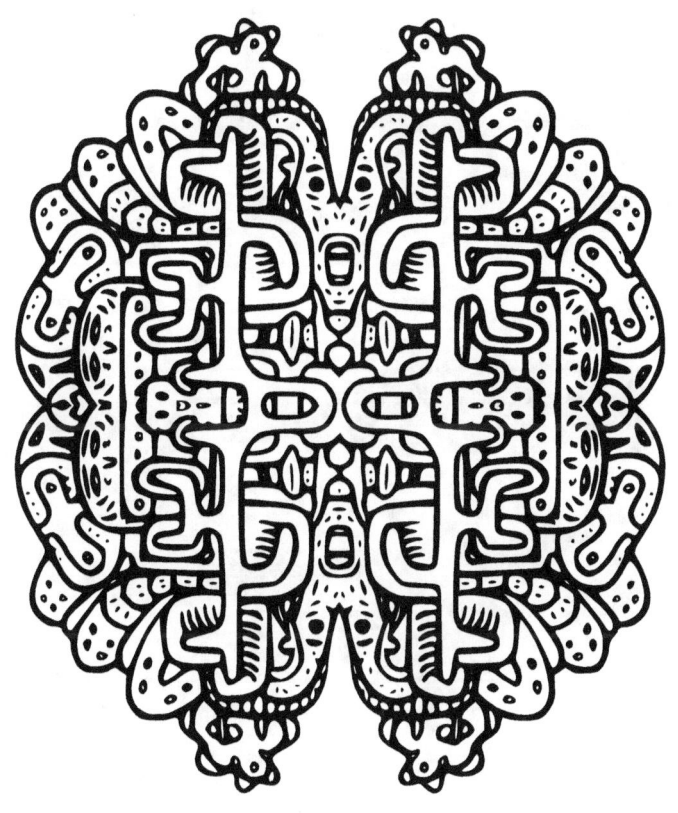

ᚲ

 ᚲ, ᚲ.

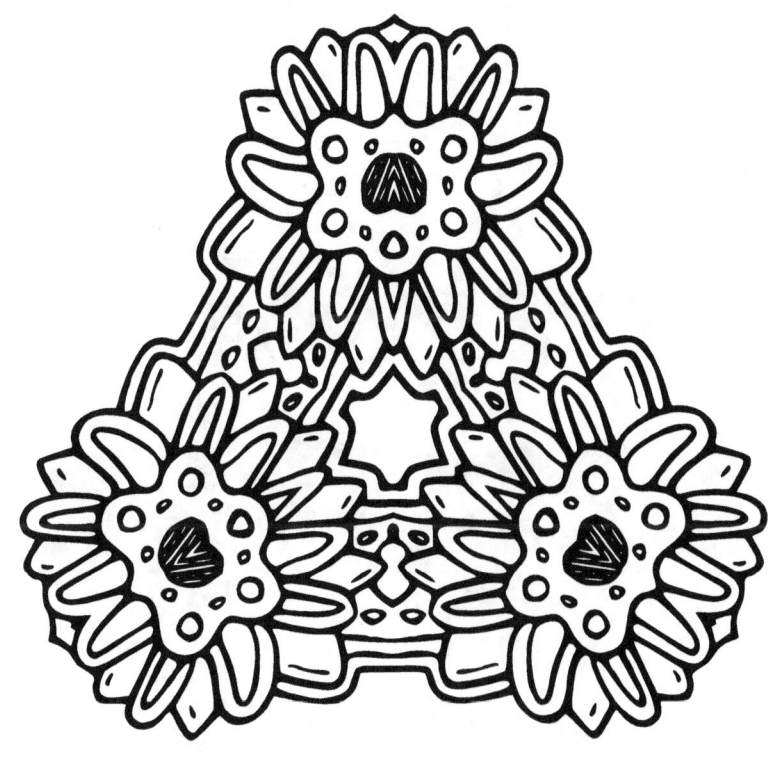

⊖�⋀ℛϴⴑℛⴑⴑⴑⴑⴑⴑⴑ

⊖⎍⋀ℛϴⴑℛⴑ3ⴑℛ3 ⴑⴑⴡ ℛ3ℭℛ ⋀ⴡ ϴⴑⴙⴡⴕⴑℭⴙⴑⴑⴑ ⴕⴑⴑⴑ⅌
ℭⴡ ⴑℭⴕℭ ⴕⴥⴕℭⴑⴑⴑⴑⴑⴑ. ⊖ⴕℭⴑ ⴑⴑⴡ ⊖ⴑℭⴑⴑⴑⴕⴕℭⴑ ℛ3ℭℛ
⊖ⴕ ⴑⴖℭⴑ ⴕℛⴑ ⴕⴕⴑⴕ ℭℛⴑ⊖ ⴕⴑ ⊖⎍⋀ⴑⴑⴑⴑⴑⴑⴑ3 ⴕⴕⴑⴕⴑ
⊖ⴕℭ ⴑⴑⴑⴕⴕⴙⴑⴑ 3ℭⴑⴑⴑⴑⴑⴑ3 ⴕⴑℭ ℛⴙℛℭⴑⴑⴑⴕⴕⴕⴑ.

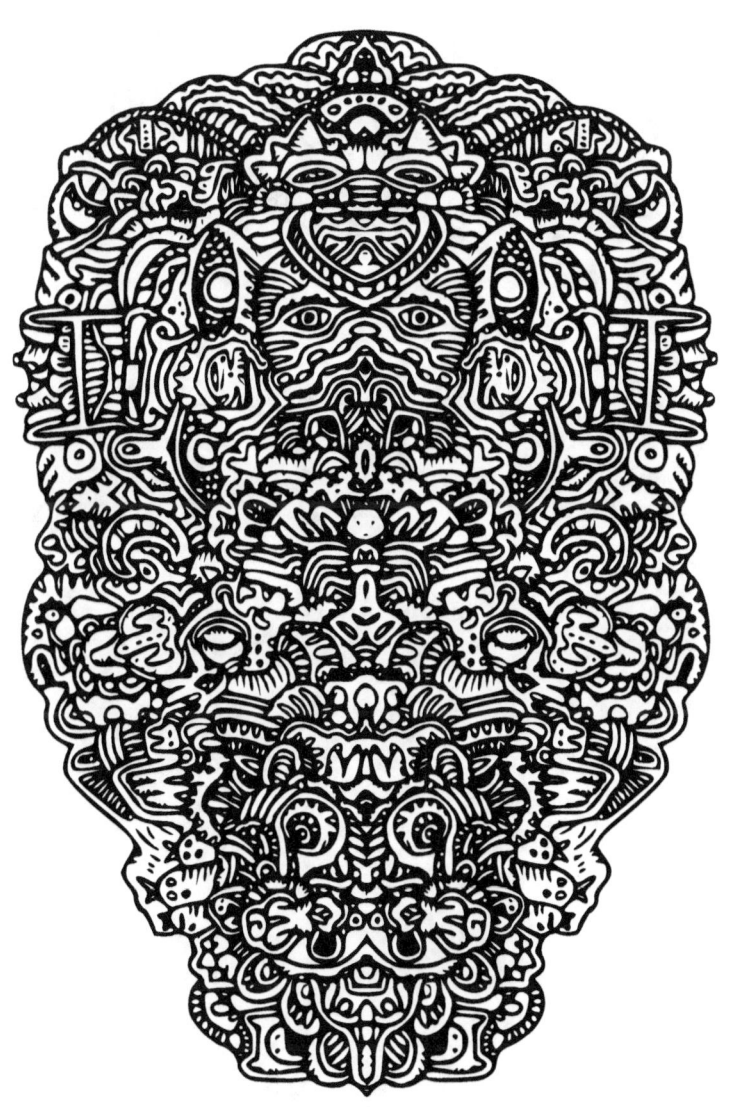

ᛰᛚᗉᏟᛃᏟᎭᎭ ᗝᑎᑌᎡᛗᎭᎡᎭ

ᗝᛚᏟ ᛰᛚᗉᏟᛃᏟᎭᎭ ᗝᑎᑌᎡᛗᎭᎡᎭ ᑎᎭ ᗝᛚᏟ ᗝᏟᎭᗝ ᛰᛚ–
ᗝᏟᎭᎭ ᛚᑌᎭ ᏟᏟᑌᏟᛗᎭᎡᏟ Ꮯᛰ ᛚᏟᏟ ᗝᛚᏟ ᕼᏟᏟᏟᏟᏟᏟᗝᏟᎭᎭ.
ᏟᏟᑌᎭᏟᛰ Ꭽᛗ ᛚ ᛃᏟᛗᗝᛚᑎᑌ ᎭᑎᎭᎭᗝ ᕼᏟᏟᕼᎭᛰᏟᛗᏟ ᑎᑌ
ᗝᛚᏟ ᏟᛗᎡᏟᏟ ᛗᏟᏟᑎᏟᑌ. ᑎᗝ ᑎᎭ ᛚᑎᏟᏟᏟᛗ ᏟᎡᎭᛗᏟᏟᎭ.

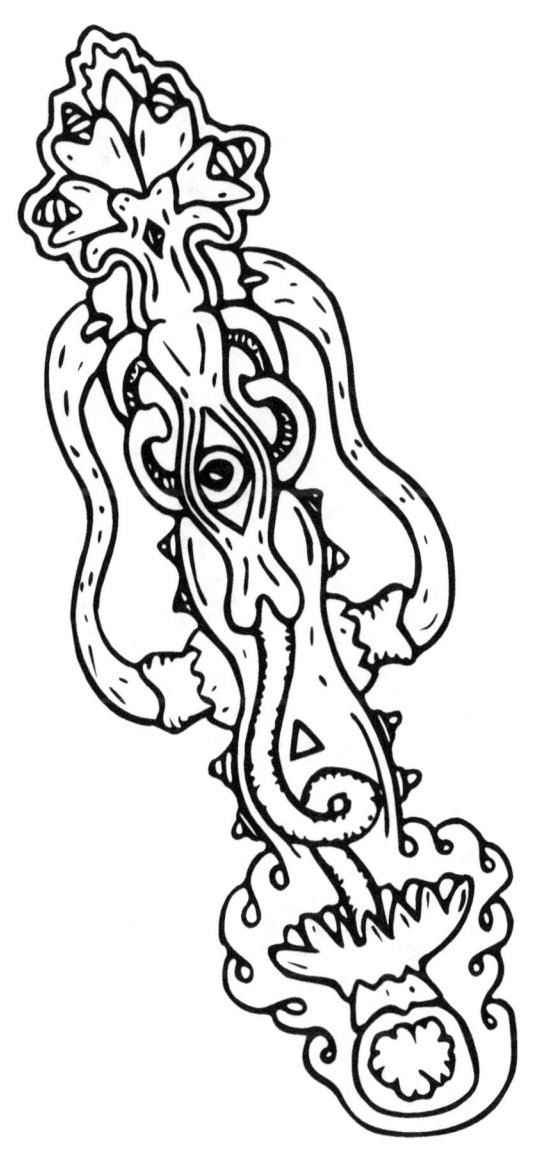

ᏂᏌᏂᎷᏣ3ᏖᏘᏘᏂᎶ

ᏂᏘᏓ ᏂᏌᏂᎷᏣ3ᏖᏘᏘᏂᎶ Ꭴ3 ᏓᏌ ᏓᏬᏬᏥᏌᏂ ᏸᏣᏘᎶᏘᏌ
ᏣᏃ ᏂᏘᏓ ᏌᎷᏌᏂᏌᏖᏗ3 ᏘᏣᏘᏘᏘᏓ. ᏖᏘᏘ ᏂᏣ ᏫᎾᏣ ᎶᏬ Ꭴ3
3ᏂᏃᏒᏖᏖ ᏫᏌᎷᏌᏣᏘᏌ.

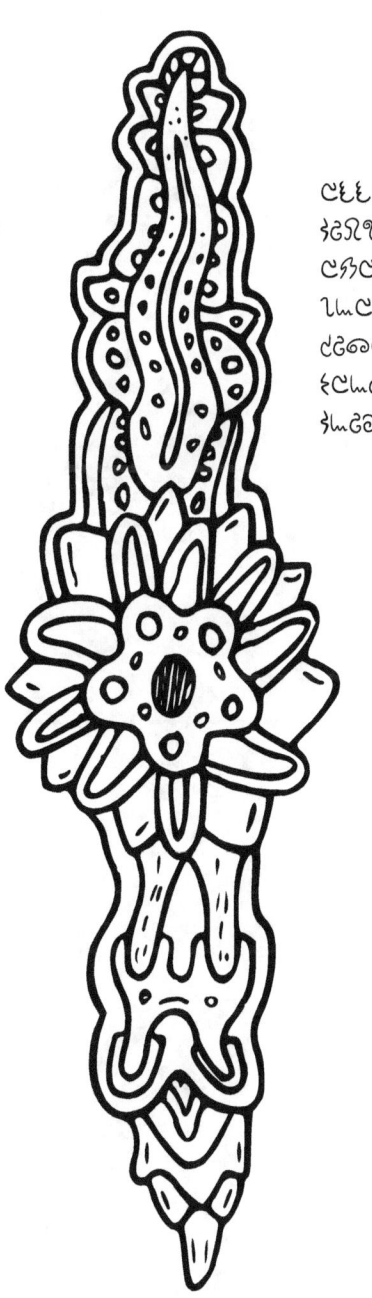

ᑕᘓᘓᔕᘖᑐ

ᒪᕪᔕᖋ

ᑕᘓᘓᔕᘖᑐ ᒪᕪᔕᖋᑐ ᑌᒪᑕ
ᔭᘓᔕᕼᖋ ᘛᕼ ᘊᑕᑌᒪᘓᒧ
ᑕᔥᑕᒪᒧ ᘖᘓᘐᑐᘛᘓᑕ. ᑌᘓᖋ
ᑌᒪᑕ ᔕᑐᑕᖋ ᘓᘓ ᔭᘛᘓᘓᒪᒧ
ᑕᘓᘓᑕᘊᖋᘐᘛᑌᘓᘓᒧ ᘖᑌᘊ-
ᔭᑕᒪᕪᑐᔕᑐᑐ ᑌᒪᘖᖋᘓ ᑐᔭᑕᒪᑕᑐ
ᔭᒪᕪᘓ ᘓᔕᑕ ᑌᒪᒪᕭ.

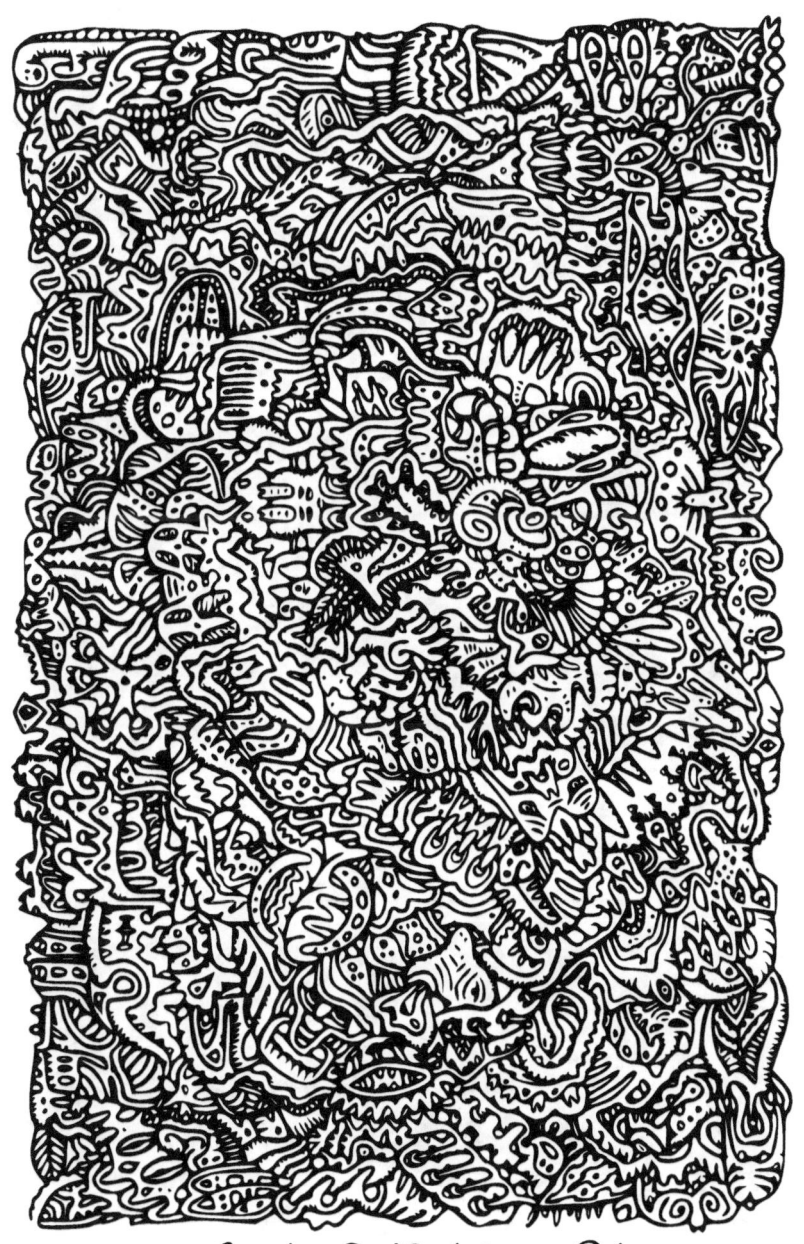

ᎦᏣᏟᏣᏫᏅᏫᏋᏃ ᏞᏲᏓ

ᏞᏞᏋᎡᎿᏘᏋᏀ ᎣᏓᏟ ᎦᎴᎨᎻ ᎠᏦᎦᎡᎦ ᎦᎦ ᏒᏘᏘ ᎣᏓᏟ ᎦᏣᏟᏣ ᏞᏞ-
ᎣᏅᎦᏋᎦᎣᎦ, ᎣᏓᏟ ᎦᏣᏟᏣᏫᏅᏫᏋᏃ ᏞᏲᏓ ᏅᎦ ᏥᎣᏋᎦᏣᏋᎳ ᏘᏘᎸᎣ
ᏃᎣᎦ ᎦᏘᏔᎦ.

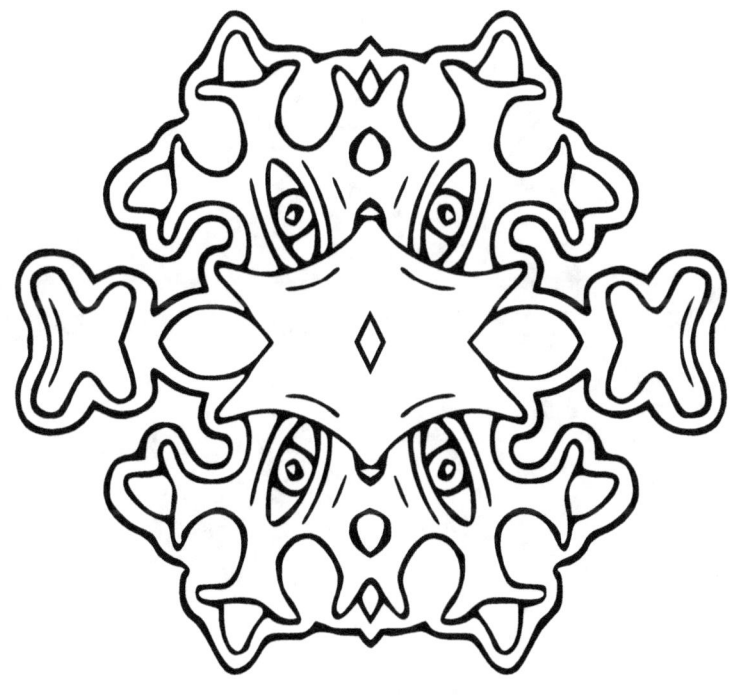

ᢒᎀᏌᏞᏗᏋᏒᏋᎫ ᎫᏣᎀᏞᏌ

ᢒᎀᏌᏞᏗᏋᏒᏗᎫ ᎫᏣᎀᏞᏗᎫ ᏞᏌᏟ ᎫᏣᏟᏟᎧᏁᏞᏋ ᏣᏒᏌᏌᏣᏋᎫᏟ ᎧᏌᏌᏞᏗᎫ ᏰᏟ-ᎫᏁᏋᏌᏟᎤ ᎧᏋ ᎧᏞᏟᏌᎫᏗ ᢒᎀᏌᏞᏗᏋᏒᏗᎫᏟᎫ, ᏋᏌᏁᏌᏗ ᏞᏌᏟ ᎫᎫᎧᏞᏋᏋ ᎧᏞᏚᏚᏋᏌᏌᎧᎧᏟᎫ ᎫᏌᎧᏒᎧ ᎧᏌᏟ ᏰᏌᏌᏞᏋᏛ ᏞᏌᏟᏋᏁᏟᏒᏌ. ᎫᏁᎫᎫᎧ ᢒᏒᏟᏛᢒᎀᏌᏞᏟᏌᏟ ᏁᎫ ᢒᏒᏛᏟᏌᏛᏛᎧᏌᏗᏋᎫᎫ ᏞᏁᎫᏞᏟᏟᎫᏛᎧ ᢒᎀᏌᏞᏗᏋᏒᎫ ᎧᏌᏌᏛᏛᏟᏌ.

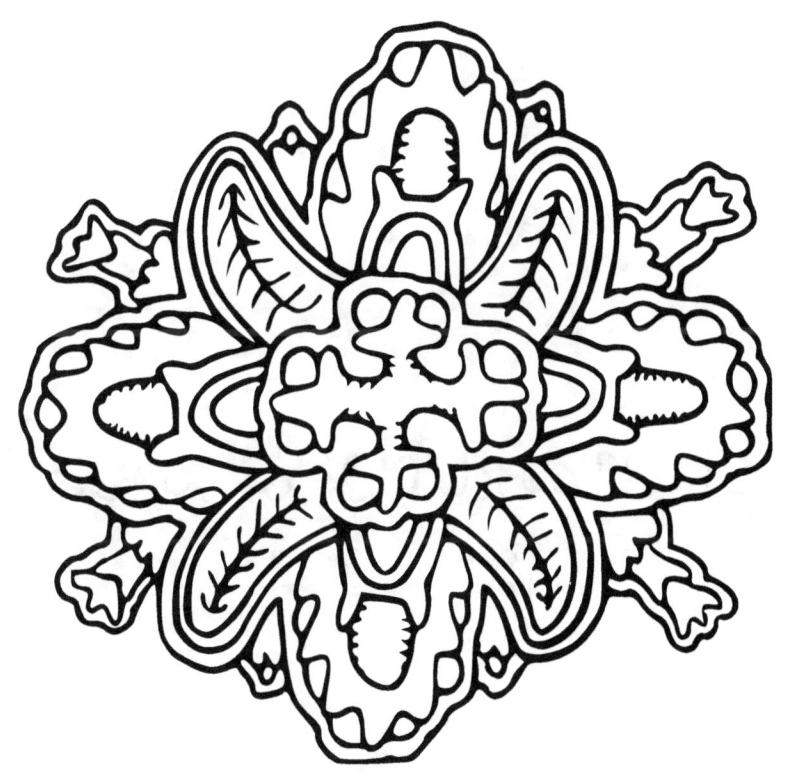

ᎦᏫᏓᏓᎼᎾᎬᏱᏣᎥᏛ

ᏣᎦᏣᏄᏫ ᎦᏫᏓᏓ ᎓ᏁᏒᏅᎢᏣᏫ ᏸᏗᏛ ᎬᏫᏣ ᎦᏫᏓᏓᎼᎾᎬᏱᏣᏫ. ᎦᏫᏓᏓᎼᎾᎬᏱᏣᏛ ᏎᏄᏣ ᏏᏛᏣᏋ ᏣᎦᏣᏄᏫ ᎦᏍᏓᏍᏎᏄ ᎾᎬ ᎶᏐᏣᏫ ᎾᎥᏣ ᎢᎶᏓᏄᏛ ᎶᎧ ᎾᎥᏣ ᎾᏓᎶᏛᏣ ᎦᏫᏣᎧᏏᏛ (ᏅᎧ ᏯᏎᏏ ᏎᏄᏣ Ꮨ ᎧᏐᎧ- ᎬᏣᎥᏣᏄᏍ, ᎾᏛᏐᎾ ᏅᏛ).

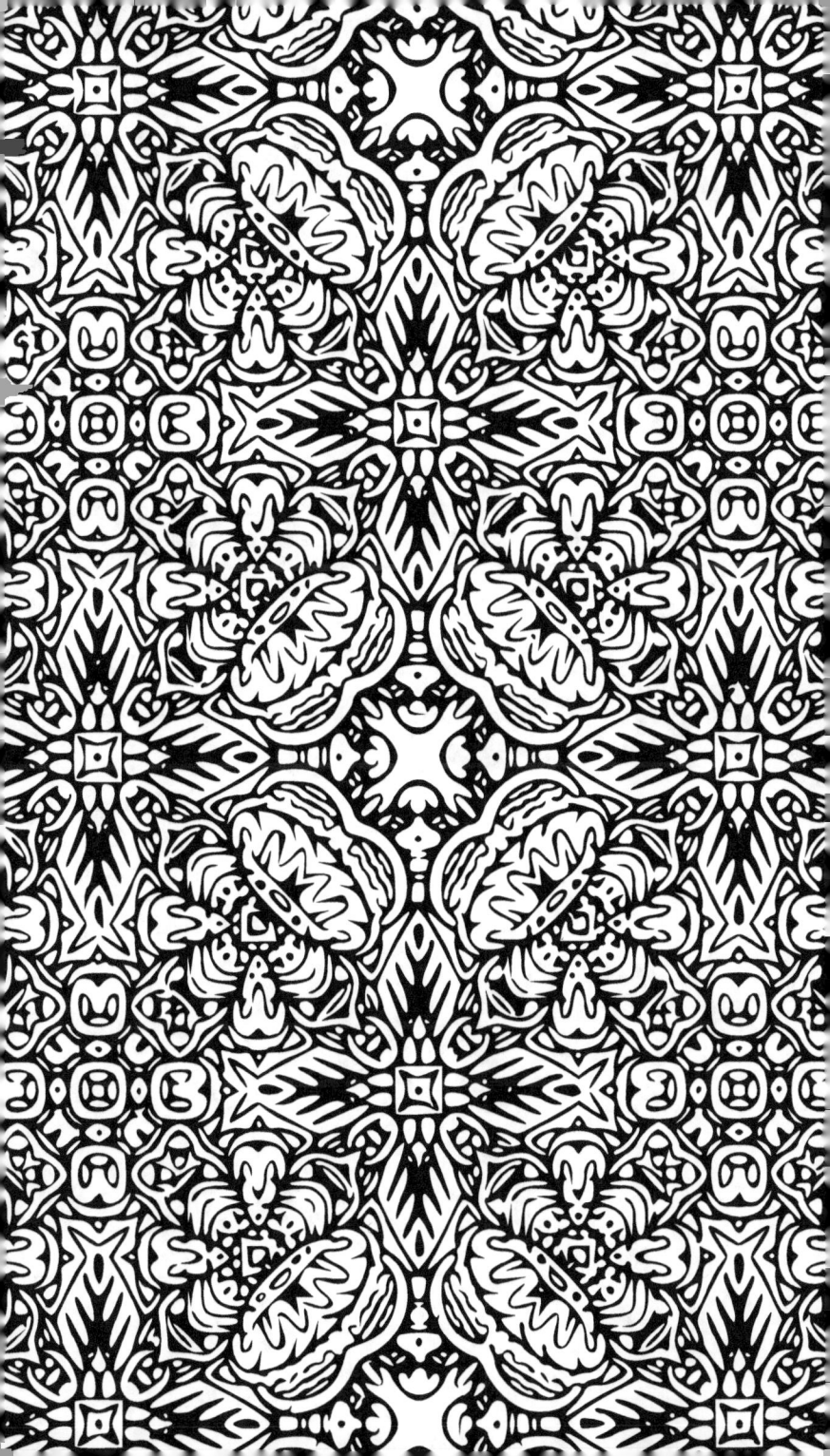

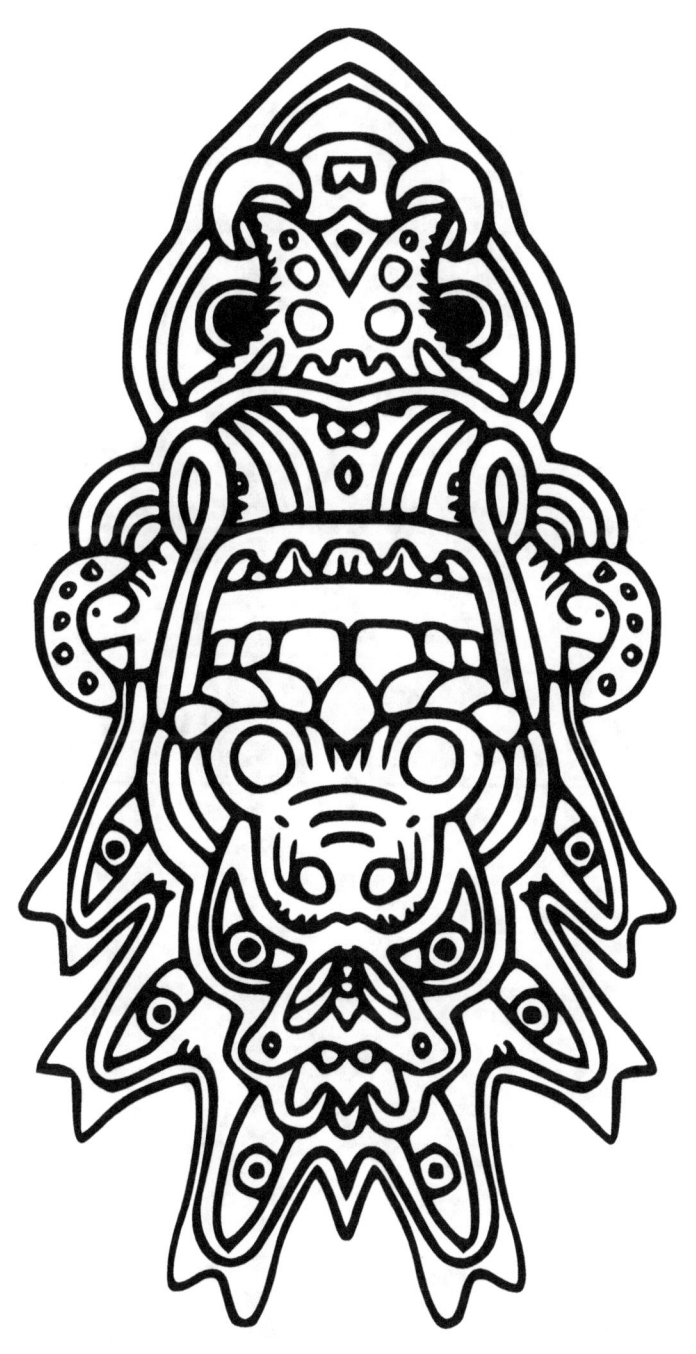

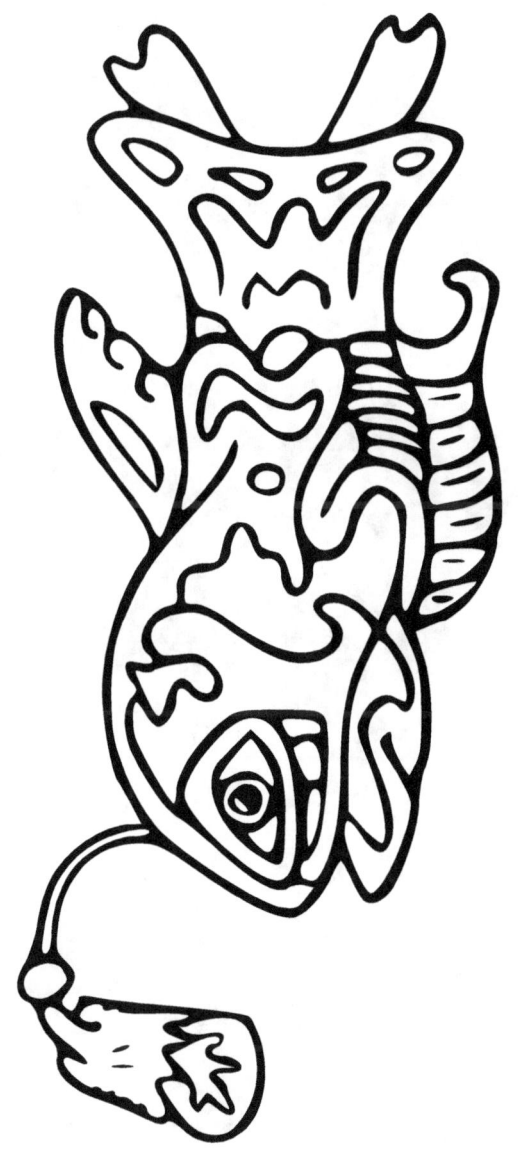

ᑌᐢᔅᓄᕝᐪ ᒙᖘᕐᔦᒐ ᔨᓄᒐᕓ

ᒍᣴᕓᓍᒪᐤᒪᐤ ᐁᕓ ᖝᖘᕠᐁ ᓂᐁᒐᕽ ᒬᓄᕐᒐ ᐅᓄᖘᕓᐁ ᕼᒐᕠᕓ
ᐤᕪᕐᕏ ᐁᕓ ᑊᒐᕠᕤᒐᕽᑕᒐ (ᓔᐤ ᖝᕓᒑᐅᑕᒐᕐᕏ), ᐁᕡᕐ
ᑌᐢᔅᓄᕝᐪ ᒙᖘᕐᔦᒐ ᔨᓄᒐᕓ ᕏᕏ ᕤᕓᕐ ᕤᕏ ᐁᕡᕐ ᒙᕐᕐᐤ
ᑐᐤᕐᕏᓍᕤᐤᕏᕏ ᕤᕏ ᐁᕡᕐ ᕼᕐᕝᕤᕐᕐᑕᕐᕐ.

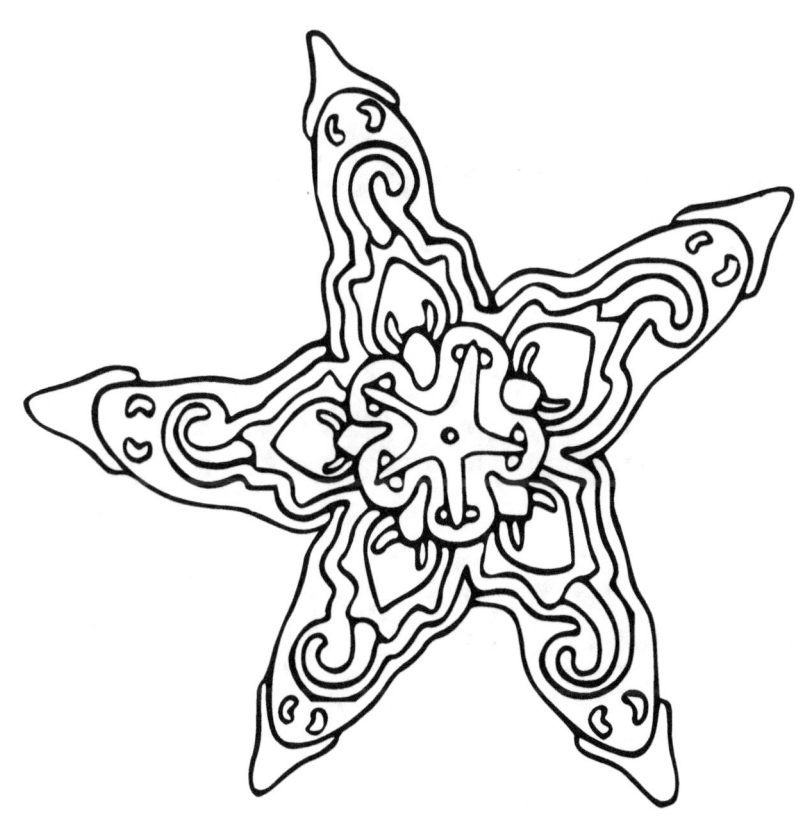

ꝫꞇꞇꞇꝫꞇꞃꞇꝫ ꝫꙍꞇꞇꙏ

(ꞇꞒꙍꙏ ꝫꞃꞇꙏꞃꞇꙍꙍ)

ꝫꞇꞇꞇꝫꞇꞃꞇꝫ ꝫꙍꞇꞇꙏꝫ ꞇꞇꞇ ꝫꙍꙍꞇꙏ ꝫꞇꞃꞇꙏꞃ ꝫꞇꞃꞇꞇꝫꞇꙏ ꙍꙍ
ꙍꞇꞇ ꙏꞇꙍꙍꙍꙍ ꝫꝫ ꞃꞇꝫꞇꞃꞃꞇꝫꝫꞇꝫ ꞃꙍ ꙍꞇꞇ ꞇꞇꞇꞃꞇꞇꞇ-
ꞇꙍ ꝫꞇꞇ. ꙍꞇꞇꙍ ꞇꞇꞇ ꞇ ꙍꞇꙍꞇꞇ ꞃꙍ ꙍꞇꞇ ꝫꞃꙍꞇꝫ ꙍꙍ
ꙍꞇꞇꙍ ꞃꞇꝫꞇꞃꞃꞇꝫꝫꞇꝫ ꝫꞇꝫꙍꞇꞇꙍꝫ, ꞇꝫ ꙍꞇꞇꙍ ꝫꞇꝫꝫꞃꞃꞇꝫꙍ
ꝫꞇꞇꝫ ꙍꝫꝫ ꞇꙍ ꞇꞇꝫꞇꝫꙍꙍꞇꙍ ꙍꞇꞇ ꞃꞇꝫꝫꞇꝫꝫ ꞇꙍꝫꙍꙍ. ꙍꞇꝫꝫ
ꝫꞇꞇꞇꞃꞇꝫ ꙍꙍ ꝫꞇꝫꞇꞇꞇꝫꝫ ꞇꞃꞇꞇꞇꞇꙍꞇꞇ ꞇꙍꞇꝫꞇꞇ ꝫꞇꞇꞇꞇꞇ ꞃꙍ
ꙍꞇꞇ ꞃꞇꝫꞇ ꞃꞇꝫꝫꞇꝫ ꝫꞇꝫꞇꙍꞇꞇ ꞇꞇꞇꞇꞇꝫ. ꝫꞇꞇꞇꞇꞇꝫ, ꙍꞇꝫꝫ ꝫꝫ
ꞇꝫꞇꞇꞇꝫꝫꞇꝫ ꙍꞇꞇ ꝫꞇꞇꝫꞇꙍ ꝫꞇꞇꝫꝫꞇꙍꙍꞇꙍ ꙍꞇꞇꙍ ꞇ ꝫꞇꞇꞇꝫꞇꞃꞇꝫ
ꝫꙍꞇꞇꙏ ꝫꝫ ꞃꞇꞇꞇꞇꞇꝫ.

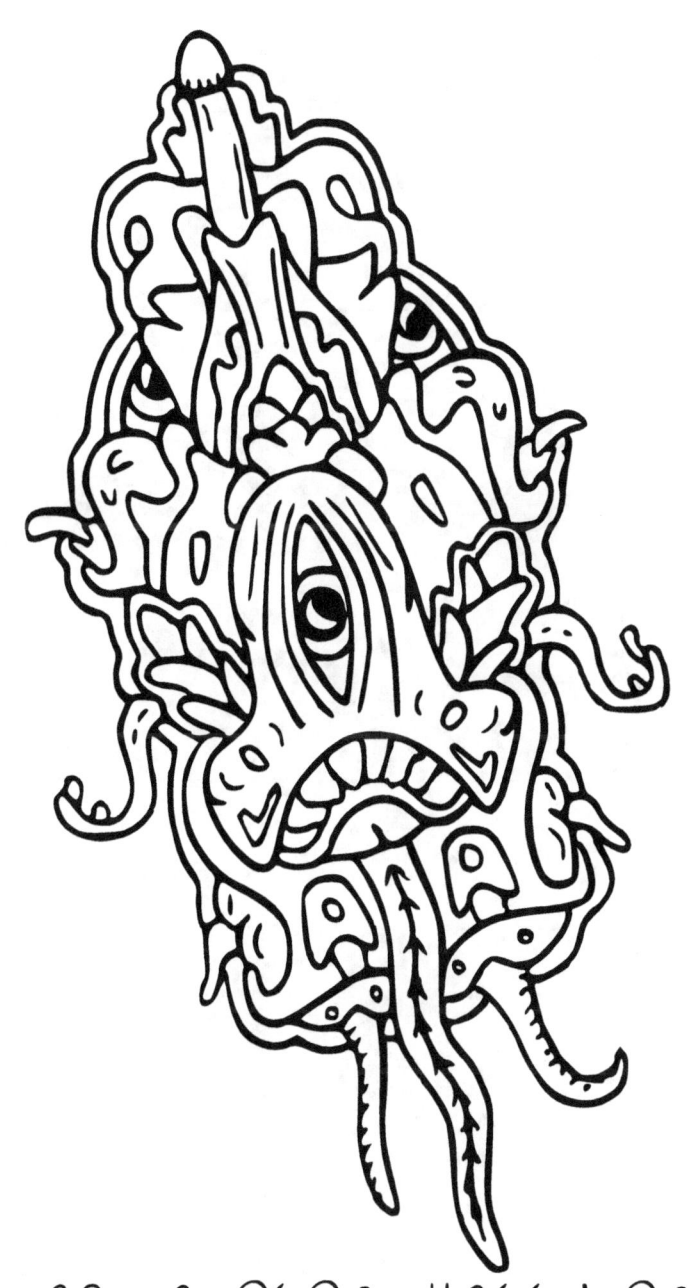

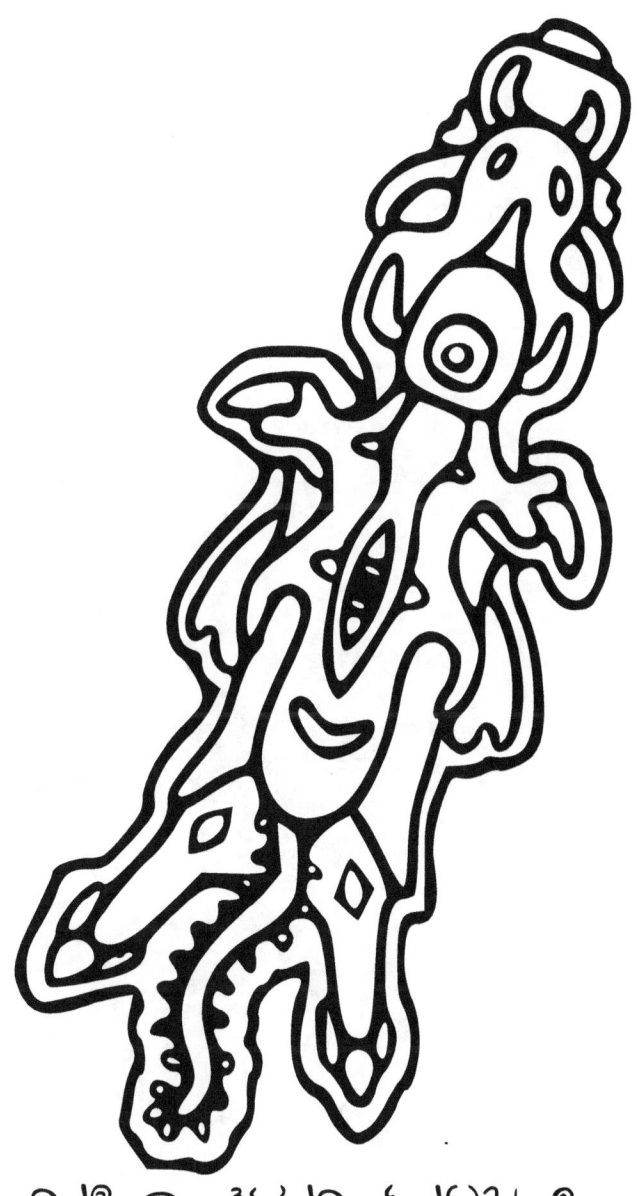

ᗪᑎᕙᗙ ᒋᴌᑎᗪ ᑌᑎᕙᒐᒼᑫ

ᗙᕽᑕ ᗪᑎᕙᗙ ᒋᴌᑎᗪ ᑌᑎᕙᒐᒼᑫ ᑎ�‡ ᒋᕕ ᕙᑎᗱᗙᑫ ᕽᑕᒍᑎᑎᒍᗕ
ᑎᗙᒍᒼ ᒼᑕᑕᗙ ᒐᑌᑕ ᙢᒐᴌᔆᑕᒍᗱᕙᑕᑫ ᒐᕽᑫ ᑌᒐᑌᑕᑫ ᑎᕙ ᑐᑕᒐᒼ
ᗙᒍᑎᕙ ᒐᑕᒼᑎᕽᕙᒍ ᒼᒋᒐ ᑎᒍᑕ ᒐᒼ ᕽᒐᑕᒐᗙᕽ ᒼᒐᑌᑕᗱᑕᕙᑕᒐᒼᒋ.

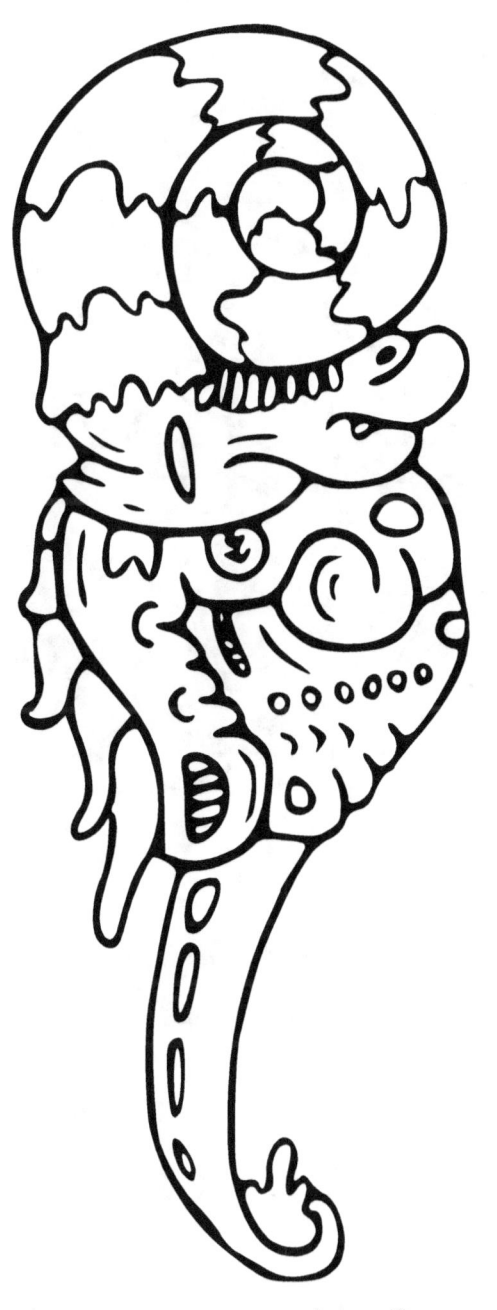

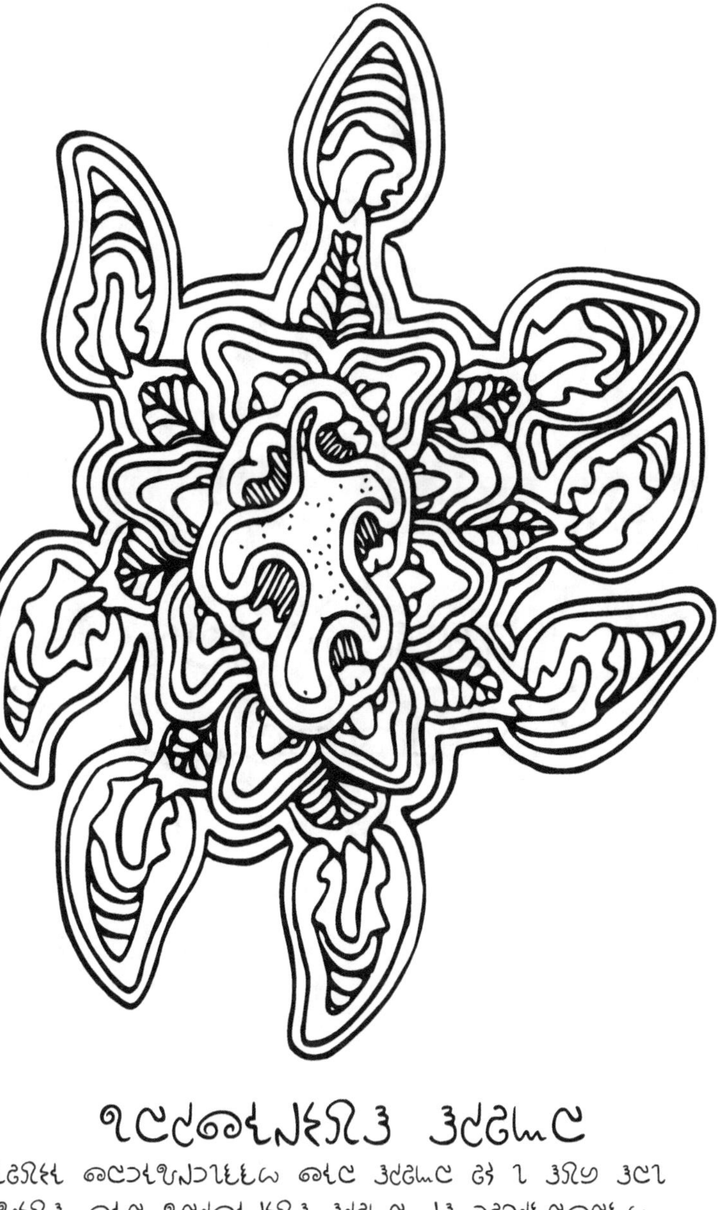

[illegible]

[illegible]

ειυς-υιзсς
ϽιυνϬϬϬϹιυз

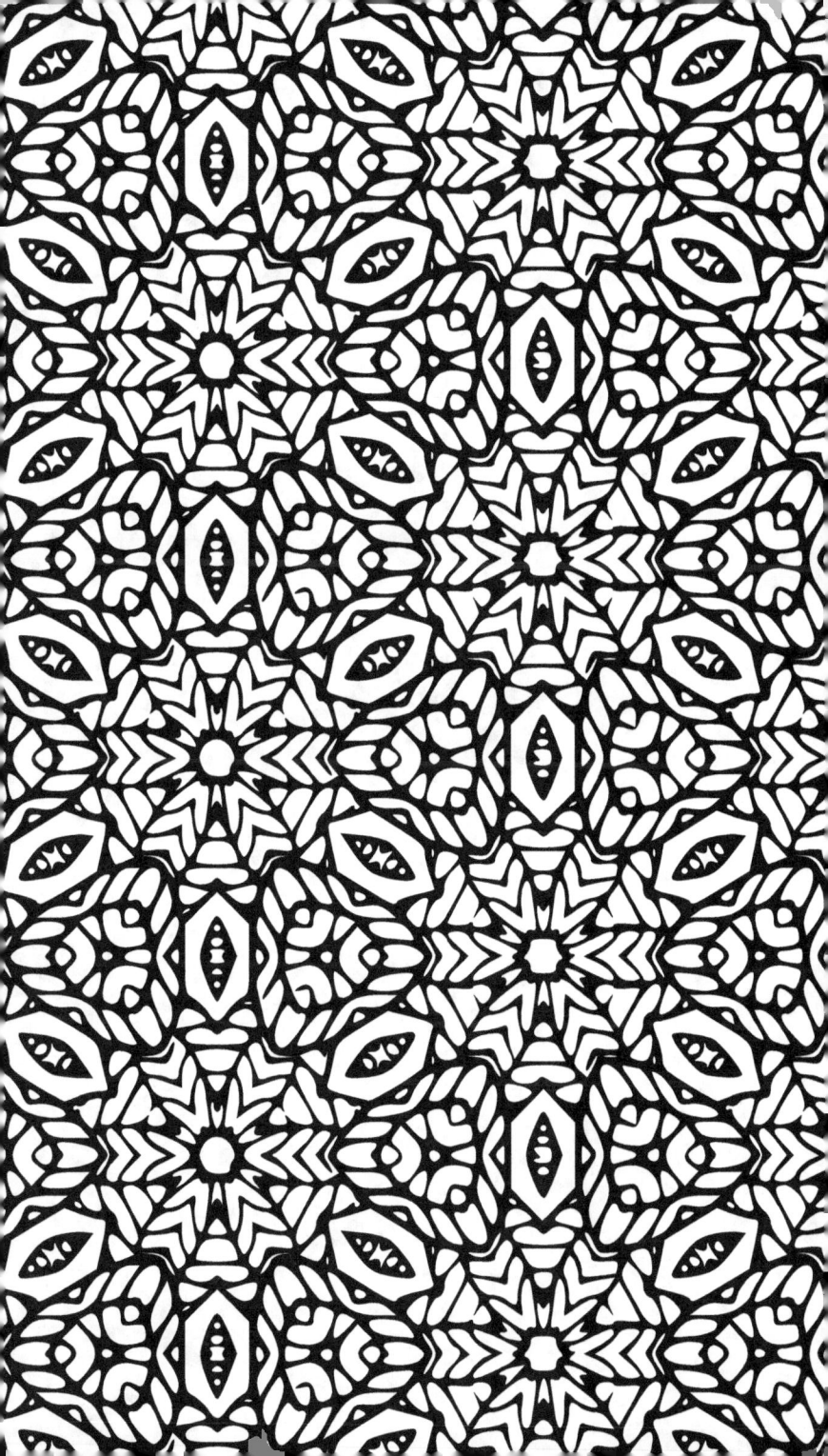

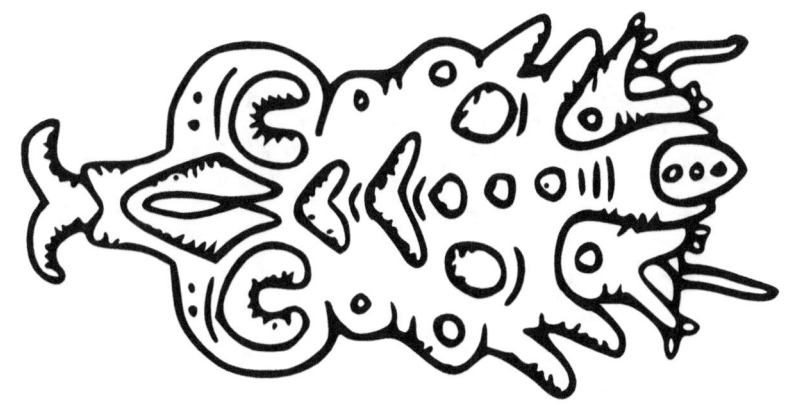

ᗺᒉᒣᒪᘓᏕᘂᒐᏕ ᗺᒣᒐᓱᘂ ᏒᒉᒣᒪᒻᏕᒐ

ᗺᒉᒐ ᒐᒎᒧᗺᒐᒻᒻᒣᒪ ᏒᏕᒣᗺ ᒐᒻ ᗺᒉᒐ ᗺᒉᒣᒪᘓᏕᘂᒐᏕ ᗺᒣᒐᓱᘂ.

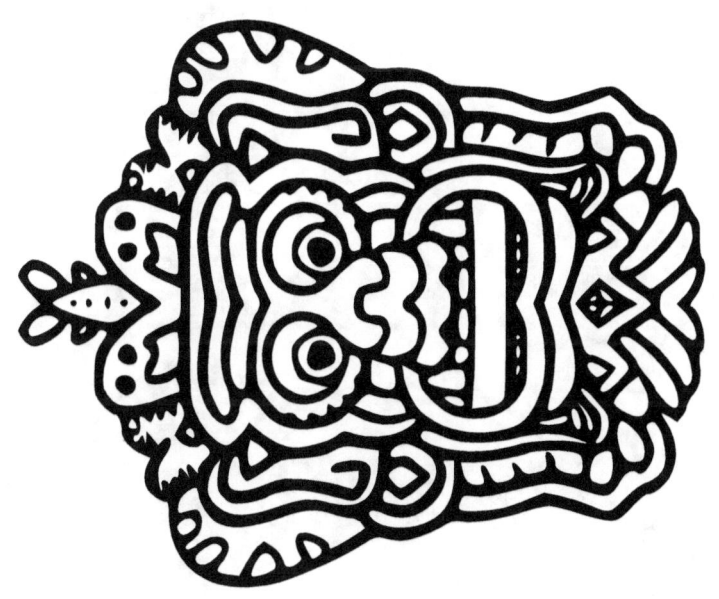

ᗺᒉᒣᒪᘓᏕᘂᒐᏕ ᗺᒣᒐᓱᘂ (ᗺᒐᗺᗺᒐᒻᒣᒪ)

Ꮢᒻᒻᒣᒻᒪ ᗺᒐᗺᒻᒣᒪᒻᘂ ᏒᏕᒣᗺ, ᒻᒐᒣᘂᒪᘂ ᏒᏕᒻ ᒻᒻᒣᒻᒻᗺᘂᒐᒻᒻᏕᒻᘂ

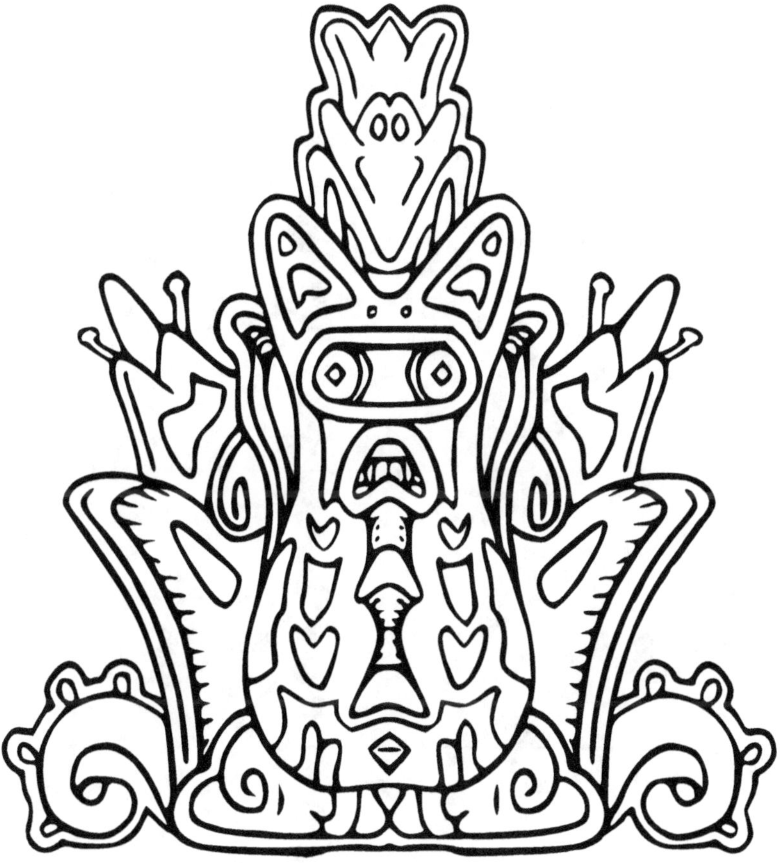

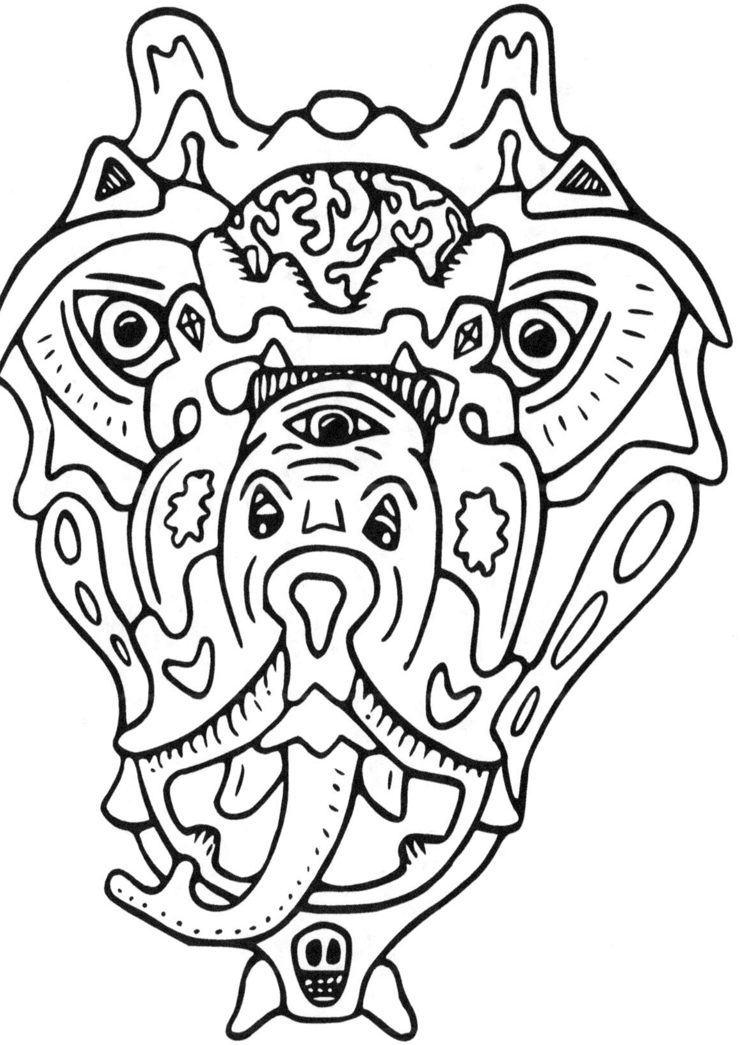

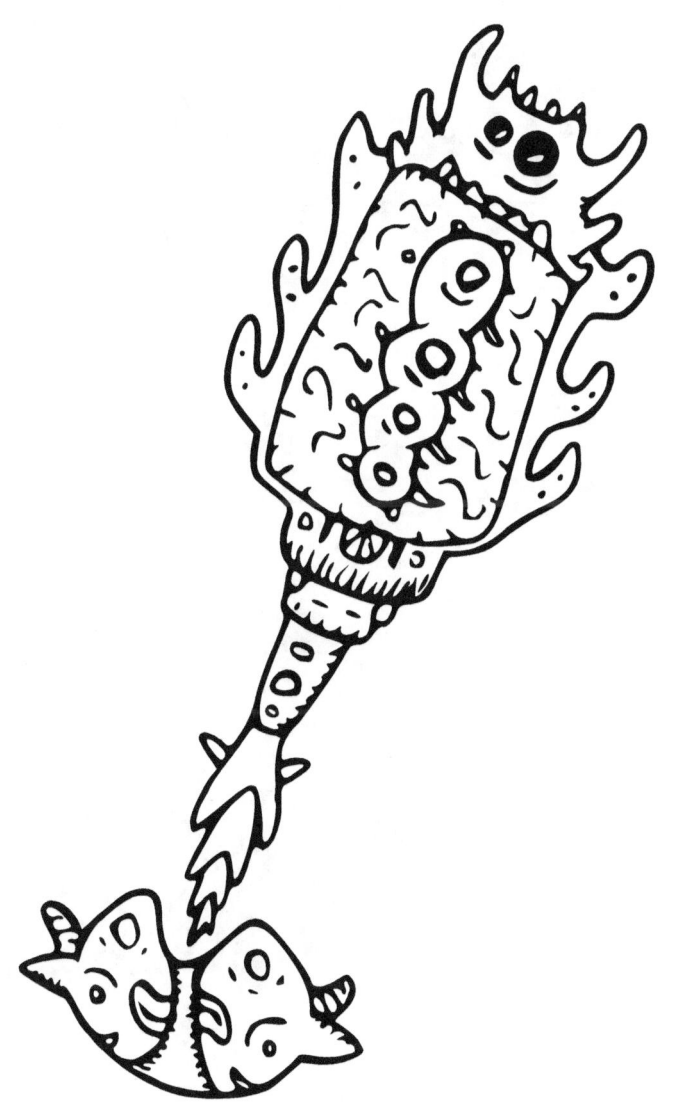

cᕈᕐᒪᕈᒣᕆᓴᑊᓕᓐᓚᑌᑎᔭ

ᑐᓴᕼᕼᕐᒣᐱᕐᑌᒪᓕ ᔾᕐᒪᕼᑭᐧᕌ ᓕᑕᓐ ᕼᐧᓐᓕᓕ ᓕᒣᕼᑌᕌᔾᕌᓱᕌ ᓴᓕᔾᑦᑦᕌᓕ ᑎᑌᑕ ᕆᒣᐧᐸᑦᕐᒪᐧᓱᑌ ᓴᕼ ᐅᑭᕌᓴᕆᑕᕐᕘᐧᓱᓱᕌᓱᑌᕌᔾ. cᕈᕐᒪᕈᒣᕆᓴᑊᓕᓐᓚᑌᑎᔭᓚ ᓕᑌᑕ ᓱ ᔾᓕᔾᔾᐧᓕᒣᕌᕿ ᐅᓕᑕᓕᐧᕌ ᓚᐧᕿᕌᐧᕼᑦ ᔾᓱᑕᕿᑦᕌ ᑭᔾᕿᒪᕼᕿ ᓕᓕᕿᔾᑎᒥᕼ ᔾᕆᕆᑕᐧᕌᓱᕌ.

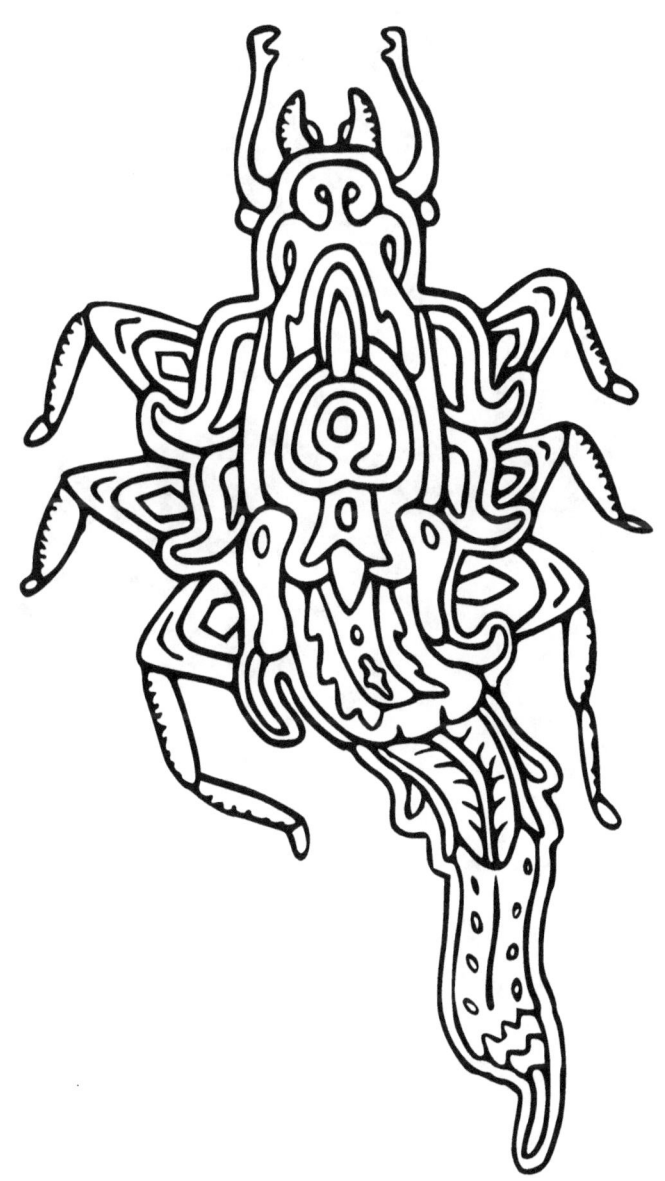

ᏭᏆᏞᏟᎵᎯᏋᏟ ᎶᏟᏟᏟᏫᏋᏟ

ᏭᏆᏞᏟᎵᎯᏋᏟ ᎶᏟᏟᏟᏫᏋᏟᎸ ᏆᏆᏞᏟ ᏋᏟᏟᏟᏞᏄᏒᏛᏐᏭᏐᏐᎸᏛᏗᏐ ᎸᏛᏆᏐᏐᏟᏛᏇᏟᏞᏐᎸ ᏭᏋᏆᏋᏭ ᏭᏞᏐᏲᏐᏞᏐᏟᏟᎸ ᏋᏒᏒᏟ ᏋᏛ- ᎶᏟᏆ ᎶᏆᏋᏟᏆᏐᏟᎸᏒ. ᏋᏆᏆᏭᏛᏟᏟᏒᏒ, ᎶᏒᏭᏭ ᏒᏛᏟᏟᏞᏟᏞᏐ.

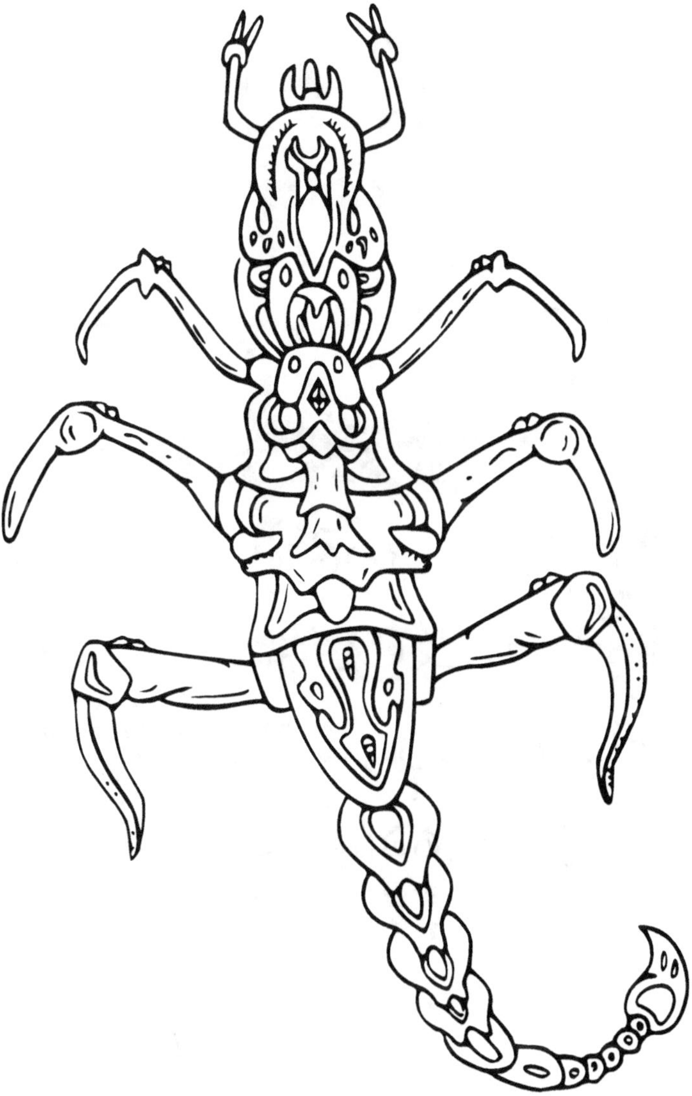

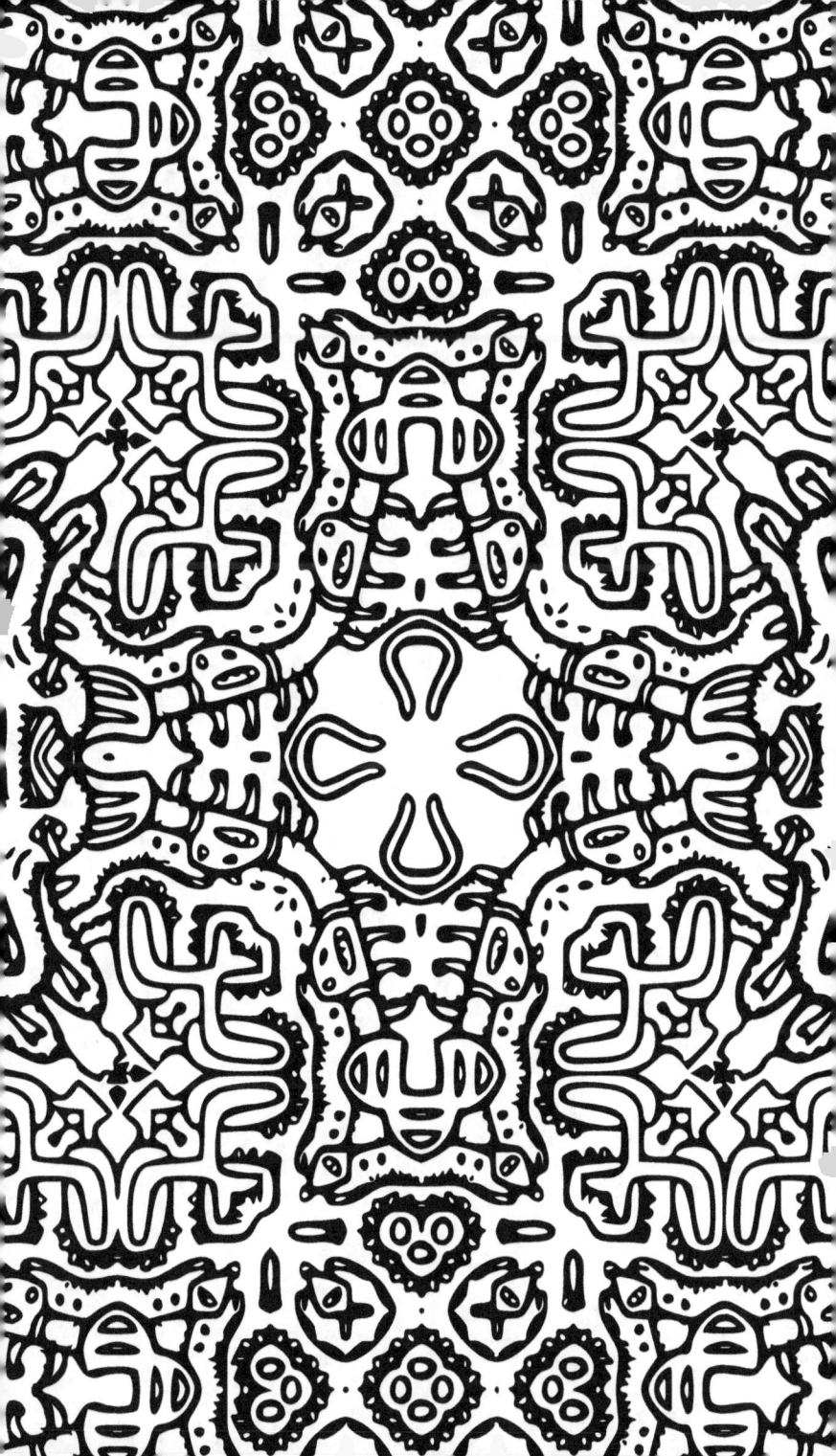

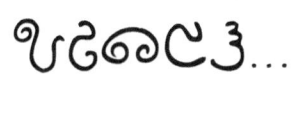

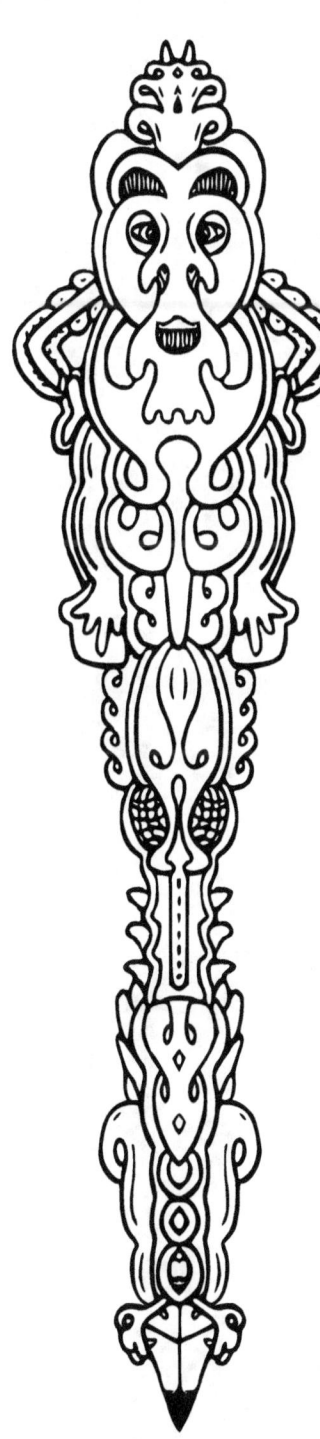